KB183696

오사카의
제주인마을,

이카이노
이야기

IHOJIN WA KIMIGAYOMARUNI NOTTE: CHOSENJINGAI IKAINO NO KEISEISHI
by Chanjoung Kim
ⓒ 1985 by Song Songhui

Originally published in 1985 by Iwanami Shoten, Publishers, Tokyo.
This Korean edition published in 2025
by Imago Publishers Inc., Jeju-do
by arrangement with Iwanami Shoten, Publishers, Tokyo

이 책의 한국어판 저작권은 (주)신원에이전시를 통해 저작권자와 독점 계약한 이마고에 있습니다.
신 저작권법에 의하여 한국 내에서 보호를 받는 저작물이므로 무단전재와 무단복제를 금합니다.

오사카의 제주인마을,
이카이노 이야기

지은이_김찬정
옮긴이_김순임·강경희

초판 1쇄 발행일_2025년 1월 31일

펴낸이_김채수

편집 / 디자인_로컬콘텐츠그룹 이마고, 송주연

마케팅_백유창

펴낸곳_이마고

주소_ 제주특별자치도 서귀포시 표선면 세화강왓로 78 / T.064-787-3282

E-mail_ imagopub@naver.com

ISBN 979-11-990905-0-7

*이 책은 제주대학교 부설 **재일제주인센터**의 지원을 받아 제작되었습니다.
*본문의 사진들은 모두 원서에 실려 있던 것으로 원저작권자를 찾지 못하여 선수록하였습니다.
향후 원저작권자가 확인되는 대로 적법한 절차를 거치도록 하겠습니다.

오사카의 제주인마을, 이카이노 이야기

김창정 지음 / 김순의 · 강경희 옮김

IMAGO

차 례

일러두기

· 맞춤법은 국립국어원 표준국어대사전을 따랐으며
  일부 외래어는 통용되는 표기를 적용했습니다.

· 이 책의 원문은 일본에 거주하는 한국인과 조선인을 구분하지 않고
  '在日朝鮮人(재일조선인)'으로 표기했으며, 한국어판에도 저자의
  뜻을 존중하여 그대로 사용하고 있음을 밝힙니다.

· 원문의 특성상 더 정확한 전달을 위해 최대한 한자를 병기해야
  맞지만 가독성을 위해 한자의 병기는 최소화했습니다.

그곳은
이방인의 마을

공적인 기록이
없는 마을

온갖 잡다한 상품들이 진열된 시장을 걸으며 이곳은 분명 일본인들의 마을이 아님을 온몸으로 느낀다. 앞에 걸어가는 사람도 옆에서 나란히 걸어가는 사람도 어디를 둘러봐도 내 동포들이다. 백발에 깊은 주름의 할머니가 한가로이 유모차를 밀고 간다. 작업바지에 반소매 셔츠를 걸친 아저씨가 자전거 페달을 열심히 밟으며 좁은 뒷골목으로 사라져 간다.

23년 전인 1962년 무렵 처음 이 거리를 방문했을 때, 너무나도 많은 동포들의 모습에 북받쳐 오르는 감정을 주체하지 못하고 혼란스러우리만치 당혹감을 느꼈던 기억이 있다. 그 후 수십 차례나 방문했던 이 거리의 그때 느낌은 지금도 생생히 살아 있다.

오사카부 오사카시의 '이카이노 지구'로 불렸던 재일조선인 밀집거주지역인 이쿠노구 모모다니를 찾았을 때 느꼈던 긴장감과 당혹감이다.

폭 2.7미터 정도의 좁은 뒷골목을 돌아다녔다. 복잡하게 늘어선 목조 나가야(장옥長屋 칸을 막아서 여러 가구가 살 수 있도록 길게 만든 공동주택) 옆에 작은 콘크리트 3층 주택이 여기저기 들어서 있다.

23년 전에 방문했을 때는 모든 가옥이 오래된 두 칸짜리 2층 나가야이거나 단층의 목조건축이었는데 최근에는 하나하나 콘크리트 주택으로 바뀌고 있다.

이 골목을 처음 방문했을 때 작은 입구에 걸려 있던 문패들을 보고는 숨이 멎을 뻔했다. 문패에 '金海 모' '新井 모'라는 일본식 이름 옆에 조선 이름이 적혀 있거나 조선 이름 문패만 있는 집들이 골목의 집들 중 절반 이상에 달했기 때문이다. 1984년에 다시 이곳을 찾았을 때도 문패에 변화는 없었다.

20여 년 전, 골목에 복잡하게 늘어선 집들 대부분은 창이 열려 있었고 창을 통해 집 안에 쌓여 있는 슬리퍼, 구두, 옷과 같은 다양한 수공업의 반제품들을 많이 볼 수 있었다. 골목에는 자전거

상공에서 본 이카이노 지구

오래된 집들도
새로운 가옥으로
신축이
진행 중이다.

를 타고 달려가는 어른들과 그 옆에서 왁자지껄 뛰어다니는 아이들이 있었다. 이카이노를 다시 돌아다녀 보았지만 이 거리는 20여 년 전과 크게 달라진 게 없었다.

　일본 각지에는 적게는 수십 명에서, 많게는 1만 명 정도의 조선인 집단거주 지역이 존재한다. 속칭 '조선부락'이라고 불린다. 그런 조선부락 중 가장 큰 곳이 오사카의 이쿠노구 모모다니 지역이다. 조선인뿐 아니라 일본인들도 함께 거주하는데, 마을에 따라서는 조선인 비중이 70%에 이르기도 한다.

　몇 년 전, 나는 이카이노의 어르신들 이야기를 듣기 위해 이카이노에 산 지 수십 년이 되었다는 할아버지와 할머니들을 매일같이 만나러 다녔다. 그중 한 분인 강원범康元範 씨로부터 이야기를 듣고 있을 때였는데, 우연히 벽에 걸린 마을 지도에 눈이 갔다. 무

오사카의 제주인마을, 이카이노 이야기

치마저고리 차림으로 자전거 타고 통학하는 여학생들

심히 그 지도를 보고 있자니 세대주의 이름에 일본명이 많은 것이 눈에 띄었다.

"어르신, 이 마을에 일본인이 많습니까?"

"왜요?"

"지도를 보니까 조선인이 거의 없는 것 같아서요."

"아, 조선인 대부분이 일본명을 사용해서 그렇습니다. 평소에는 일본명 옆에 본명(조선명)을 적는데, 지도에 자리가 부족해서 일본명만 넣다 보니 일본명이 많은 겁니다."

강원범 씨는 지도를 벽에서 떼어 눈앞에 펼치면서 "조선인이 세대주인 집은 여기, 여기……"라며 손가락으로 연신 가리켰다.

지도에서 조선인은 사선, 일본인은 점으로 구분해 보니 조선인이 얼마나 많이 거주하고 있는지 이해할 수 있었다. 대부분의 가옥은 검게 칠해졌는데 일본인 가옥은 그야말로 조선인 가옥에 둘러싸여 드문드문 있었다. 이것을 그림으로 나타내면 〈그림 1〉과 같다. 이 이방인의 마을 전체가 거의 이런 상태이다.

일본 땅, 일본인의 마을인 오사카 시내에 그 지역 인구의 70%나 되는 조선인들이 사는 마을이 존재하고, 게다가 그 거주자 수가 수백, 수천을 넘어 3만 명이나 된다는 사실은 매우 이례적이다. 특히 '단일민족'을 주창하는 일본에서 대량의 이민족이 집단 밀집 지역을 형성하고 있다는 점에서 그러하다. 마을의 존재를 이야기할 때 '왜?'라는 의문을 품게 되는 지점이다. 어쩌면 일본에서 이 마을의 존재는 의식적으로 무시되거나 일본인들의 곤혹감

오사카의 제주인마을, 이카이노 이야기

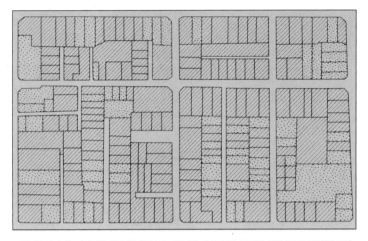

그림1. 구 이카이노 시가도의 일부. 점이 일본인 거주 가옥, 사선이 조선인 거주 가옥. 1979년 김찬정 조사

속에서 방치되어 왔을 것이다.

  예를 들어 이 마을은 오사카시 행정구역 내에 있고 행정 측에 각종 기록이 존재해야 하지만 행정기관이 내놓은 '정사正史'에는 그 존재가 기술되거나 기록되는 일이 거의 없었다.

  종전 이전의 이카이노는 오사카시 히가시나리구의 행정구역 내에 있었다. 히가시나리구의 역사인 『히가시나리구사』에는 조선인의 존재를 기술한 문장이 단 한 줄도 없었고 이카이노에 대한 설명도 없었다. 전후의 히가시나리구는 〈그림 2〉처럼 행정상 히가시나리구와 이쿠노구로 구분했다. 이쿠노구도 『이쿠노구지』를 발간했는데, 여기에도 이카이노에 대한 기술은 없으며 기껏해야 '재일외국인 이쿠노 거주자 수'가 설명도 없이 숫자로 기재되어 있을

뿐이었다. 더욱이 이쿠노구의 지도를 보면 이카이노의 지명을 아무리 찾아도 발견할 수 없다. 유일하게 '이카이노신바시'라는 다리 이름이 있다. 오사카시에는 '가마가사키'라는 도야마을(ドヤ街,

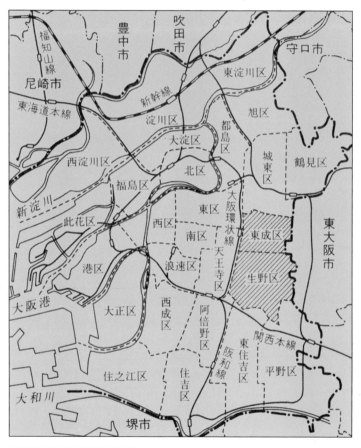

그림2. 오사카시와 히가시나리구·이쿠노구

　오사카의 제주인마을, 이카이노 이야기

일용노동자들이 많이 살던 마을)이 있었는데 행정당국 주도하에 지
명이 '애린지구愛隣地區'로 변경되었다. 지명이 차별적이라는 이유

그림3. 이쿠노구의 이카이노 지역

에서였으며, 같은 이유로 이카이노라는 마을명과 지명도 지도상에서 말소되었고, '모모다니'라는 마을 이름이 이카이노를 대체했다. 그러나 마을의 실태가 이 일로 인해 달라질 수는 없으며 많은 사람들은 지금도 그곳을 이카이노라고 부른다.

행정 기록이 거의 없고 이방인들이 많이 거주하는 지역이라는 이유 등으로 이카이노는 외부에서 볼 때 뭔가 특수한 마을이고 경찰 치안이 미치지 않는 곳이라는 인상을 주는 경우도 적지 않았다. 그러나 이 마을의 성립 역사를 알게 되면서 이는 다분히 일본인의 조선인 차별에 근거한 편견의 소산에 불과하다는 사실을 깨달았다.

히라노 운하에
만들어진
이카이노신바시

23년 전, 이 마을을 처음 방문한 것은 조선대학교 4학년 때였다. 우리 대학의 수업에 실지연습이 있었는데, 정경학부 학생들은 여름 방학을 이용해 동포 거주지에 들어가 3주일 정도 생활하는 것을 의무화하고 있었다. 나는 이시카와현에 위치한 농촌에서 자랐는데 재일조선인들이 적은 지역이어서 조선인 집단 거주지에 대해 그다지 알고 있는 게 없었다. 그래서 꼭 한 번 그런 집단 거주지에서 생활해 보고 싶었는데 그 장소로 지정된 곳이 이카이노 지역이었다.

그때부터 나의 뇌리에는 이 마을의 풍경이 각인되었고 이 마을이 어떻게 형성되었는지 알고 싶다는 생각이 줄곧 떠나지 않았다. 하지만 조사해 보니 마을의 성립과 그곳 사람들의 일상에 대한 기록 문헌은 거의 존재하지 않았다. 1960년대에 들어서 신문 등에 간간이 '이카이노 잠입 르포'와 같은 내용이 소개되곤 했지만, 이는 마을의 형성 과정이나 그 시대에 살았던 사람들에 대한 기사는 아니었다.

오래전부터 이방인의 삶이 이어져 온 이 마을의 기록과 문헌은 거의 존재하지 않았지만, 공적인 보고서에서 단편적인 숫자와 기술을 조금씩 발견할 수 있었다. 그 공적 보고서는 1919년부터 오사카시 사회부가 실시하고 있던 노동자, 빈곤자, 실업자에 관한 조사보고서이다. 제260호까지 발행된 〈사회보고서〉(제1호에서 제50호까지는 〈노동조사보고〉라는 제목으로 발행, 제51호부터 〈사회부보고〉로 개칭. 이하 이 시리즈는 〈보고〉로 약식 기술함) 속에 조선인 관련 조사서가 열몇 점 존재했다. 보고서는 오사카 전체의 조선인에 대해 조사했으며, 이카이노에 거주하는 조선인이 많다는 이유로 이카이노에 대해서도 기술하고 있었다. 이 자료를 통해 이카이노 마을의 형성 과정을 복원해 보려 했지만 이내 불가능하다는 사실을 깨달았다. 조선인이 몇 명 거주하고, 직업이 무엇이고, 수입은 얼마였다는 수치와 그러한 통계로부터 얻은 결론은 보고서에 기록되어 있지만, 그곳에 거주하는 사람들의 삶, 사랑과 증오와 갈등의 일상을 전하는 기록은 존재하지 않았다. 숫자만이 존재할 뿐 이카이노에 살았던 조선인들의 숨결은 들리지 않았다.

사람들의 삶의 모습이 존재하지 않는 이카이노 문헌은 정작 내가 알고 싶은 이카이노에 대해 아무것도 들려주지 않는다는 쓸쓸한 마음에 보고서를 통해 이카이노를 알아보려는 작업을 중단했다.

기록에서 이카이노 사람들의 삶과 마을의 형성 과정을 알 수 없다면 예전부터 이 마을에 살고 있는 어르신들을 찾아서 듣고 이를 기록으로 만드는 방법밖에 없었다. 그래서 기회가 있을 때마다 이카이노를 찾아 많은 어르신들을 만나며 이야기를 듣는 작업을 이어갔다. 기억이 흐릿해진 할머니와 할아버지로부터 이야기를 듣고 이를 정리해서 의문스러운 부분을 다시 들으러 가는 작업을 이어갔다.

뒤에서 설명하겠지만 이카이노에 사는 사람들 대다수는 제주도 출신으로, 어르신들 대부분은 옛날의 제주도 사투리로 이야기했다. 특히 할머니들은 제주도 사투리가 심해서 몇 번이나 그 뜻을 되물어가면서 인터뷰를 이어갔다. 오랫동안 일본의 학교에서 조선어를 배운 내가 제주도 사투리를 이해하기란 처음에는 거의 불가능에 가까웠다. 내가 하는 질문을 그들은 알아들었지만, 나는 그들의 답변을 3분의 1도 이해할 수 없었다. 그렇다고 도중에 말을 끊으면 대화의 흐름이나 의욕이 꺾일 수 있기 때문에 마치 이해한 것처럼 '음, 음' 끄덕이면서 이야기를 이어가는 식으로 진행했다.

경상도가 본적인 2세가 제주도 사투리를 이해할 수 없는 것은 당연하다. 이는 과거에 도쿄 출생 일본인이 아오모리 사투리나 가고시마 사투리를 이해하기 힘든 것과 비슷하다. 이카이노의 할머니들에게서 들은 이야기를 녹음하고 집에 가져와서 몇 번이나 반복해서 듣고 제주도 출신 지인에게 의미를 물어보면서 인터뷰 기록을 만들어 가는 동안 조금씩 제주도 사투리를 이해할 수 있게 되었다. 그렇다고는 해도 완전히 사투리로만 이야기하면 겨우 70% 정도 이해하는 수준이었다. 그렇게 인터뷰 작업이 몇 년 동안 이어졌다.

『민중시보』와
이카이노

1979년 10월경, 강원범 씨를 소개받았다. 1924년 무렵부터 이카이노에 살고 있는 강원범 씨는 1930년대에 일본공산당에 입당했기 때문에 특별고등경찰에 연행되어 잔인한 고문을 당한 경험이 있는 재일조선인이다.

강원범 씨에게 옛날의 이카이노 이야기를 듣다가 과거 이카이노에 본사를 둔 조선어 신문을 지금도 보관하고 있다는 것을 알게 되었다. 신문 명칭을 묻자 『민중시보』라고 했다. 그 말을 듣고 문득 『특고월보特高月報』(구내무성 경보국의 비밀자료)의 1936년 11월분 기사 중에 '재판언문신문민중시보사의 책동'이라는 기사가 생각이 났다. '그 『민중시보』를 말하는 건가?'라는 생각에 가슴이 뛰었다.

강원범 씨에게 전체 발행호를 갖고 있냐고 묻자 아마 모두 있을 것 같은데 지금은 바로 찾을 수 없으니 내일 방문해 달라고 했다. 숙소로 돌아와서 그날 밤은 '『민중시보』에 어떠한 내용의 기사가 게재되었을까?' 이런저런 상상을 하느라 흥분해서 좀처럼 잠들 수 없었다.

조선인이 일본에 정주한 지 약 75년, 가장 많을 때는 200만 명을 넘은 적도 있는 그 시간 동안 재일조선인사회에서는 다양한 신문이 발행되었다. 재일조선인이 일본 국내에서 자신들의 사회를 형성해 가는 과정에서 커뮤니케이션 수단인 신문은 당연히 필요했기 때문이다.

  1923년에 『후토이 센진太\鮮人』, 『신광』, 1924년에 『노동동맹』, 『척후대』, 1925년에 『사상운동』, 1928년에 『대중신문』, 1929년에 『무산자』, 1930년에 『오사카조선신문』, 1935년에 『조선신문』 등이 도쿄에서 발행되었다. 이외에도 많은 신문이 발행되었다는 기록이 있다. 그 대부분은 1호뿐이거나 고작해야 3호까지로 아무리 길어봐야 1년 반 정도였으며 모두 일본당국으로부터 폐간 처분을 받았다. 조선인 사회에서 발행된 신문은 거의 현존하고 있지 않다. 다만 극히 일부가 호세이대학교 오하라사회문제연구소에 보존되어 있다. 전에 재일조선인 역사 연구를 위해 그곳에 있는 모든 자료를 복사해 두었지만 오사카의 조선인 신문은 없었다.

  종전 이전에 출판된 재일조선인 신문이 거의 존재하지 않는 이유는, 당시 이 신문들의 논조가 조선인의 민족성과 계급성을 각성시키며 때로는 식민지 지배에 대해 비판한다는 이유로 치안 당국으로부터 탄압을 받고 폐간 처분을 받거나 인쇄물 압수 처분을 당했으며, 게다가 그런 신문을 소지하는 것 자체가 위험한 상황이었기 때문이다. 또한 당시 재일조선인사회는 이 인쇄물을 보존해 둘 정도의 사회적 경제적 여유를 갖고 있지도 않았다.

이튿날 부랴부랴 강원범 씨를 찾았다. 강원범 씨는 테이블 위에 타블로이드판 신문 다발을 올려놓고 "이것이 그때 신문입니다만……"이라고 했다. 두근거리는 마음으로 오래되어서 너덜너덜해진 신문의 첫 페이지부터 읽어 내려갔다.

『민중시보』는 타블로이드판 6쪽 혹은 8쪽으로 전문이 조선어로 된 신문이다. 신문 발행인은 민족·사회문제의 사상범이며 노동운동의 지도자로서 여러 차례 체포되고 투옥되었던 김문준金文準 씨였다. 창간호는 1935년 6월 15일, 처음엔 월 2회 발행했으며 1936년부터는 월 3회 발행했다.

내용은 1면이 사설, 정치경제, 사상 문제, 2면이 국제 문제, 3면이 조선 본국의 문제를 다루었고, 4·5·6면이 오사카를 중심으로 한 재일조선인 문제를 다루는 사회면적 성격을 지니고 있었다. 기사들을 읽어 보니 이카이노에서 생활하는 사람들의 사건과 사회 문제를 다룬 기사를 매월 한두 편은 게재하고 있었다.

오사카의 재일조선인사회를 중심으로 임대 문제를 다룬 연재물, 노동자의 생활실태, 노동쟁의, 교육 문제, 범죄, 나아가서는 치정 사건 등 실로 다양한 기사를 실었던 『민중시보』는 신문발행인인 김문준 씨가 체포되고 나서 기사에 활력이 없어지고 그 후 돌연 폐간되었다. 1936년 9월 20일자 제27호가 마지막이다. 신문에 폐간의 글은 없었다. 이상한 생각이 들어 그 후『특고월보』보고서를 읽고 조사해 보았더니, 제27호를 폐간한 후 경찰의 조사를 받고 9월 25일, 편집원들 전원이 검거되었기 때문이라고 한다. 강원범 씨에 의하면 김문준 씨는 체포된 후 험한 고문을 당해 위중한 상태에 빠졌고 수감 중에 사망할 것을 우려한 치안 당국이 석방했지만 결국 회복하지 못하고 사망했다고 한다.

1935년에
이카이노를 중심으로
발행된 『민중시보』

이렇게 귀중한 신문을 지금까지 간직해 온 것에 놀라워하자 강원범 씨는 겸연쩍어하면서 "뭐, 젊은 시절의 신념 같은 거죠."라고 답했다.

공산당원이었던 강원범 씨는 경찰에 체포되어 혹독한 고문 끝에 '전향'을 조건으로 석방되었다. 이 때문에 표면적인 활동은 삼갔지만, 『민중시보』가 발간되었을 때 책임자인 김문준 씨와 제주도 동향이라는 이유로 히가시오사카 지역의 신문 배포 책임을 의뢰받았다. 신문은 당국의 허가를 받은 합법적인 신문이었기 때문에 일단 배포 책임자를 승낙했지만, 발행인이 김문준 씨이고 내용도 경찰의 주목을 받고 있다 보니 언제 끌려갈지 모른다는 생각이 들어 배포 전에 일부를 숨겨 놓았다고 한다. 경찰의 수색을 받더라도 반드시 남기려고 마음먹은 것이다. 강원범 씨는 "그런 사정이 있었어요. 이 신문은 저의 청춘 시절의 기념물인 거죠."라며 쓴웃음을 지었다.

『민중시보』는 몇 호 정도의 누락은 있었지만 재일조선인, 그것도 오사카를 중심으로 한 재일조선인사회를 알 수 있는 귀중한 자료였다. 이카이노에 사시는 열몇 분 어르신들의 인터뷰와 〈오사카시사회부보고〉, 그리고 『민중시보』의 기사를 통해 이카이노 마을의 형성 과정, 그리고 그 마을 사람들의 생활과 그 역사에 대해 대략적이나마 재현할 수 있을 거라는 확신이 들었다.

히라노 운하는
언제 착공되었나?

'정설'은
사실일까?

이카이노의 주민들에게 "조선인은 언제부터 이 마을에 살게 되었습니까?"라고 물으면 "글쎄요, 1910년대 초 무렵이라고 들었습니다." 혹은 "정확히는 모르지만, 저희는 2대째 이카이노 주민입니다."라거나 "옛날에 히라노강 운하를 만들 때 조선인 토공들을 많이 데려왔고 그 사람들이 그대로 이곳에 정착했다고 들었습니다."라는 답변이 많았다.

이렇게 히라노 운하 건설 당시 토공으로 와서 이곳에 정착했다는 설이 이카이노 조선인 밀집 거주의 기원으로 가장 유력하게 유포되면서 거의 정설로 되어 있다.

예를 들어 오사카부 경찰 본부 편, 『오사카 가이드』 (1964년)에는 다음과 같이 나와 있다.

히라노 운하

오사카의 제주인마을, 이카이노 이야기

히라노 운하

이쿠노구의 서부를 북쪽으로 흐르는 옛날의 히라노강은 마치 뱀처럼 구불구불 굴곡이 져서 비가 많이 내릴 때마다 넘쳐흘러 강변에 사는 주민들에게 피해를 주었다. 이에 직선의 새로운 운하를 건설해서 이를 방지하였다. 이전의 강은 1940년에 메워졌다.

현재 이쿠노구에는 3~4만 명의 조선인이 거주하며 총인구의 15%를 점하고 있는데, 이들의 유입은 1920년대 후반 히라노 운하 건설을 위한 개착공사(산을 뚫거나 땅을 파서 길이나 터널, 운하 따위를 냄)를 위해 수많은 조선인들을 모집한 데서 시작된 것으로 알려져 있다. 이들이 고향에서 친척과 지인들을 불러 모으면서 눈덩이처럼 불어났고 공사 완료 후에도 운하를 따라 이카이노 일대에 정착하면서 오늘날과 같은 규모를 형성한 것이다.

히라노 운하 공사를 위해 조선에서 모집되어 온 토공들이 공사가 끝난 후에 이카이노에 정착했다는 설이다. 경찰 자료에도 기록된 내용이고 정설로 여겨지는 상황이라 처음엔 나도 그렇게 생각했다. 하지만 이카이노 거리를 돌아다니면서 오래전부터 이곳에서 살고 있던 어르신들로부터 들은 이야기는 이런 경찰 자료와 정설을 부정한다.

머리는 백발이 되었지만 혈색이 좋고 단정한 얼굴을 한 김희조

金熙兆 씨로부터 이야기를 들은 것은 1978년 여름날이었다. 김희조 씨는 이카이노 마을이 형성되기 이전에 일본으로 건너와서 이카이노 근처의 다마쓰쿠리 부근에서 살고 있다. 김희조 씨는 히라노 운하 건설과 조선인의 이카이노 정주설에 대해 질문하자 차분하면서도 분명한 어조로 이야기를 시작했다.

"내 기억으로는 이카이노 지역에서의 토목공사는 히라노 운하 건설보다는 다이쇼도리 공사 쪽이 더 빨랐어요. 히라노 운하 건설을 위해서 들어온 조선인 토공들보다는 다이쇼도리의 도로 건설을 위한 토공들 쪽이 먼저 함바집을 만들었던 걸로 알아요.

그 토공들도 도로를 만들면서 이동했기 때문에 이카이노에는 정착하지 않았던 것 같습니다. 그리고 히라노 운하 건설에도 조선 본토의 토공들이 종사하고 있었습니다만, 그 사람들도 이카이노에는 정착하지 않고 운하 건설에 맞춰서 함바집을 이동하거나 다른 공사 현장으로 이동해 갔습니다. 그러니까 히라노 운하 공사에 종사한 토공들이 이카이노의 주민이 되지는 않았다고 봅니다. 이카이노 주민들은 그 후에 이 지역이 택지화되면서 집들이 지어진 후에 셋집에 들어온, 주로 가내공장 등에서 일하던 직공들이고, 그 대부분이 제주도 출신이었습니다."(제주도 북제주군 출신, 현재 이쿠노구 거주)

김희조 씨는 히라노 운하 건설에 종사했던 조선인 토공들은 이 카이노에 정착하지 않았다고 했다. 김희조 씨로부터 히라노 운하 건설과 이카이노의 조선인 정주는 직접적인 관련이 없다는 이야기를 듣고 이상하다는 생각이 들었다.

그다음 날엔 이카이노에 정착한 지 55년(1979년 당시)이 된다는, 영세철공소를 운영하는 정만정鄭万正 씨의 오래된 자택을 방문했다. 그런데 정만정 씨도 김희조 씨와 같은 취지의 발언을 하며 히라노 운하 건설 종사자들의 정착설을 부정했다.

"내가 이곳에 왔을 때는 히라노강의 개수改修 사업이 끝난 상태였습니다. 그 공사 현장에서 일하던 사람들이 조선인 동포들이었다는 이야기는 들었습니다만, 그들은 이 지역에 정착하지 않았습니다. 토공들은 함바집을 따라서 대부분 이동해 갔으니까요. 이 지역에 정주한 동포들은 모두 직공을 업으로 하는 사람들이었어요. 토공들은 생각하는 것도 생활방식도 달라서 토공이 영세공장의 직공이 되는 일은 없었어요. 게다가 당시에 토공을 하던 사람들의 출신지는 대부분 경상도였는데 제주도 출신 중에는 토공이 적었고 대부분이 직공들이었습니다. 지금 이카이노 주민들 대부분이 제주도 출신이니까 토공이었던 경상도 사람들이 그대로 정착했다고는 생각하지 않습니다."(제주도 북제주군 출신, 현재 이쿠노구 거주)

어르신들의 이야기를 듣고 보니 '정설'을 그대로 믿기는 어렵다는 생각이 들었다. 그래서 먼저 이카이노와 히라노 운하의 관계를 제대로 조사하기 위해 자료를 수집하기 시작했다. 먼저 이쿠노구 관청을 방문해서 관련 자료가 있는지 알아보려고 온갖 부서를 돌아다녔지만 결국 관련 자료는 없다는 답변만 돌아왔다.

오사카시 관청과 오사카부의 부립도서관에도 문의했지만 답변은 마찬가지였다. 그 후 시립도서관과 히가시나리구 관청을 방문해서 이카이노의 역사와 이카이노 중심을 흐르는 히라노강의 개수 공사와 관련된 문헌과 자료를 찾았지만 역시나 찾을 수 없었다. 오사카에서 출판된 오사카시 역사에 대한 문헌도 찾아보았지만 자료다운 자료는 없었다.

그러던 차에 『근대 오사카의 사적 탐방』(난바 출판, 1975년)이라는 소책자가 눈에 들어왔다. 오사카의 한 출판사가 펴낸 오사카 안내서였는데, 그 책의 1장에 '히라노 운하 —개수 공사와 관련한 재일조선인의 고난'이라는 제목이 있었다. 여기에는 다음과 같은 설명이 있었다.

환상선이 통과하는 다마쓰쿠리역이나 쓰루하시역에서 동쪽으로 이마자토까지 폭 20미터 정도의 탁한 강을 건넌다. 히라노강이다. 이쿠노구, 히가시나리구를 남에서 북으로 관통해서 흐르고 있고, 시로히가시구를 거쳐 네무로강으로 이어지는 이 강은 지금은 흐르지 않고 고여 있는 데다 악취가 나서 '사적'의 이미지와는 거리가 멀지만, 그 웅덩이 바닥에는 일본의 조선 침략으로 인해 조국을 등져야만 했던 재일조선인의 피와 눈물의 역사가 숨겨져 있다.(중략)

히라노강은 한차례 비가 내리면 바로 범람했기 때문에 1910년~20년대에 굴곡이 심한 이쿠노구·슌토쿠 다리에서 히가시나리구·나카모토 다리 사이 650미터를 개수하여 직선으로 만들었다. 개수 공사는 1923년에 시작했는데 이 공사에는 수많은 조선인 노동자가 동원되었다. 이 때문에 히라노강 주변에는 조선인 함바집이 늘어서 있었다.

이것이 현재의 이쿠노구·이카이노에 많은 재일조선인들이 살게 된 시초이다.『근대오사카의 사적 탐방』도 히라노강 개수 공사에 동원된 조선인 토공들이 그곳에 함바집을 만들어 정착했고 그 이후에 조선인들의 밀집 거주지역이 되었다는 '히라노 운하 건설에 종사한 조선인 토공의 이쿠노 정주설'을 지지하고 있었다.

그리고 이어서『근대오사카의 사적 탐방』은 히라노강 개수 관련 자료에 대해 다음과 같이 히라노강 개수 공사와 조선인 노동자에 관한 자료가 전무하다는 사실을 강조했다.

이 히라노강 개수 공사는 일반인들에게는 잘 알려지지 않았다. 또한 현재 이 사실을 조사해 보면 자료가 거의 남아 있지 않음에 놀란다. 많은 희생이 따랐을 것이다. 그런 노동의 실태는 현재 시점에서 전혀 알려져 있지 않다.

'히라노강은 1910~20년대에 개수되었다. 그 공사에는 많은 조선인들이 종사했다.'

이것이 현재 알 수 있는 '역사'의 전부이다.

사실 히라노운하 공사에 관한 자료는 거의 존재하지 않았지만, 『히가시나리구사』와 『이쿠노구지』에 나와 있는 글을 통해 추측해 보면, 1921년에 오사카시는 히라노강과 나란히 흐르는 네코마강의 개수와 매립 공사를 실시하였고, 1923년에는 굴곡진 히라노강을 직선으로 만드는 개수 공사를 진행해 운하와 신 히라노강을 개통했다고 한다. 이카이노 지역을 흐르는 히라노강과 네코마강은 적은 비에도 범람하여 수해를 일으켰기 때문이다.

이카이노는 국철인 쓰루하시역 부근으로 그 지역 일대는 해발 4~5미터, 곳에 따라서는 2미터밖에 안 되는 저습지대였다. 저습지대라는 지리적 악조건과 조선인 밀집 거주 사이에는 중대한 관련이 있는데, 여기에 대해서는 뒤에서 좀 더 살펴보고자 한다. 문제는 이 시기에 네코마, 히라노 두 하천의 개수 공사가 이뤄진 이유이다. 이는 이 지역의 도시화와 밀접한 연관이 있다.

1910년대의 이카이노는 오사카부 히가시나리군 이카이노 마을에 속해 있었다. 그 지역 일대는 전원 풍경이 이어져 있었는데 1918년 무렵부터 경지정리조합에 의해 도시화가 시작되었다. 오사카시 인구가 증가하면서 구 오사카시 주변 지역인 이 지역으로도 확장되자 주변 마을에서 정지조합을 만들어 도시화를 추진했을 것이다. 『히가시나리구사』에는 다음과 같이 나와 있다.

해당 구의 도로는 이상의 도시계획의 진척으로 구내 도로도 획기적으로 개선되었으나, 세부적으로 굴곡지고 협소한 도로가 오늘날과 같이 반듯하게 정리된 바둑판 형태로 개선된 것은 토지구획정리 사업의 완성에 따른 바가 크다.
이로부터 후카에(1918년 7월에 공사 착공, 1927년 2월에 완료), 쓰루하시, 쇼지의 경지정지조합의 사업이 실시되고 있었는데……(히가시나리구 창설 30주년 기념사업위원회편 『히가시나리구사』)

이에 따르면 1918년 이후에 정지 작업을 시작하여 1927년에 완성했는데, 앞서 언급한 김희조 씨는 정지 작업이 이뤄지던 시기인 1921년에 오사카에 있었다.

"내가 일본에 왔을 당시는 아직 제주도 오사카 간 연락선이 취항하지 않았던 시절이었어요. 제주시에서 부산으로 가서 관부연락선을 타고 시모노세키에 도착한 다음, 기차로 오사카까지 왔습니다. 그때가 1921년이었습니다. 오사카에 먼 친척이 살고 있어서 그곳에 갔는데 비좁은 집에 많은 사람들이 살고 있어 도저히 하숙할 수 있는 상황이 아니었어요. 그래서 숙소를 제공해주는 신문 배달 일을 했습니다. 그곳이 다마쓰쿠리의 우체국 본국 근처예요.

당시 다마쓰쿠리 주변의 쇼센(省線. 과거에 일본 정부가 운영하던 철도 노선) 외곽에는 거의 인가가 없었습니다. 다마쓰쿠리 역까지는 시영 전철이 있어서 그 주변까지 시가지였지만 쓰루하시나 지금의 이카이노 쪽은 갈대가 무성하고 여기저기 작은 연못이 보이는 풍경이 이어지고 있었지요. 다이쇼도리에서 다리가 있는 곳까지 인가는 거의 없었습니다. 쓰루하시의 파출소 근처도 거의 갈대밭이나 다름없는 상태였고 여기저기에 닭장과 양계장이 있었어요. 이 부근 농가는 양계를 주로 하고 있었으니까요."

그런 갈대밭에 히라노 운하를 착공하면서 많은 조선인 토공들이 일하게 되었다고 한다. 히라노강의 개수 공사와 조선인 토공에 대해서는 각종 자료에서도 밝히고 있지만 몇 가지 알 수 없는 부분이 있다. 바로 개수 공사의 개시 연대, 조선인 토공의 수, 그리고 공사 후의 조선인 토공들의 행방이다. 조선인 토공의 수나 조선인 토공의 행방에 대해서는 자료가 전혀 존재하고 있지 않아서 정확한 것을 알 수 없다.

개수 공사 개시 연대에 대해 앞서 말한『근대 오사카의 사적 탐방』에는 "이 개수 공사는 1923년에 시작되었는데……"라고 언급되었다.『히가시나리구사』에는 히라노강 개수 공사에 대해 이렇게 나와 있다.

> 먼저 히라노강은 나카가와치군 가시와라정에서 북서로 흘
> 러 히가시스미요시구의 평야를 거치고 구마타정에서 이쿠노
> 구·히가시나리구·조토구의 각 지역을 횡단해 네무로강으
> 로 들어가는데, 이쿠노구 슌토쿠바시 북쪽에서 해당 지역의
> 나카모토바시까지는 굴곡이 심해서 범람의 원인이 되었기
> 때문에 그 사이의 연장 650미터를 거의 직선으로 개수하여
> 원래 하천 지역은 완전히 매립되었다.

내용에 언제, 누가라는 주어가 빠져 있어서 이해하기 힘들지만
이 내용 다음에 '히라노강 개수의 경과' 부분에 1910년대와 1920
년대의 개수 공사 기간과 공사 장소가 기재되었다. 이 중에 다이
쇼 시대(1912년~1926년)에 착공하여 준공한 공사 장소는 한 곳뿐
으로, 다음과 같이 기록되었다.

> 1. 마루이치바시선에서 오사카나라선 준공 다이쇼 12년 쓰
> 루하시 경지정리조합에서 개착, 연장 2,114미터, 폭 16미터

그렇다면 다이쇼 12년에 준공했다는 것일까? 게다가 '마루이
치바시에서 오사카 나라선'까지의 사이란 어디를 말하는 것일까?
이 글을 읽고도 여전히 한 가지는 정확히 확인되지 않는다. 다이

쇼 12년이면 1923년이다. 『근대 오사카의 사적 탐방』에는 "1923
년에 시작되었다."라고 나와 있다. 1923년 착공인지, 나아가
1923년 준공인지 이 부분도 정확하지 않지만 1923년 착공, 1923
년 준공이라고 보면 이 두 역사서에서 보이는 문장의 모순이 사라
진다. 아마 그럴 것이라고 생각했다.

1921년 당시 다마쓰쿠리에 살던 김희조 씨는 "제가 왔을 때 분명히 히라노 운하 공사도 하고 있어서 동포 토공의 함바가 있었던 것 같습니다."라고 했다. 그 말을 들었을 때 나는 김희조 씨의 착각이라고 생각했다. 수많은 '역사서'에 1923년 공사 개시라고 적혀 있으므로 그것을 믿었다.

그러나 한 번 더 정확하게 이카이노 마을의 형성에 대해 조사해 보려고 국회도서관에서 이카이노 주변의 지도를 모아 검토하는 과정에서 이상한 점을 발견했다.

〈그림 4〉에서도 알 수 있듯이 1921년 측도의 지도에 신 히라노강이 기재되었다. 1923년에 공사가 시작되었다고 한다면 이 지도에 신 히라노강이 기재되었을 리가 없다.

게다가 신 히라노강은 일직선으로 개착되어 현재의 원형을 이루고 있다. 당시 호안 공사를 포함해서 완성했는지 여부는 지도에서 확인할 수 없지만 마루이치바시에서 오이케바시 부근까지는 개착되었고, 거기까지는 거의 1921년의 단계에서 완성했던 것은 분명하다.

그림4. 1921년 측도, 대일본제국 육지측량부 1만분의 1 지도

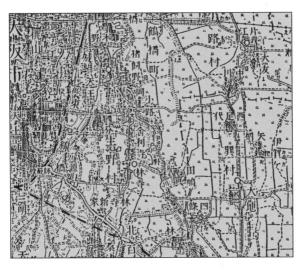

그림5. 1908년 측도·1914년 제1회 부분 수정 측도, 대일본제국 육지측량부 5만분의 1 지도

오사카의 제주인마을, 이카이노 이야기

1914년의 지도에는 이전의 구 히라노강이 구불구불 굴곡진 그림으로 기재되어 히라노강의 개수가 몇 년에 개시되었는지는 확실히 알 수 없지만, 적어도 1915년부터 1921년 사이에 이루어진 것이 분명해 보인다. 그렇다면 정설로 되어 있는 '1923년 히라노강의 개수 공사와 재일조선인의 정주에 의한 이카이노의 조선인 밀집 지역의 성립'에는 모순이 따른다.

이 대일본제국 육지측량부의 두 장의 지도와 히지출판에서 나온 『오사카시 이쿠노구 상세도』와 『오사카시 히가시나리구 상세도』를 조합해서 검토해 보면, 히라노 운하 공사는 1921년까지는 현재의 오이케바시, 이쿠노 세무서의 동쪽까지 완성되어 있었다.

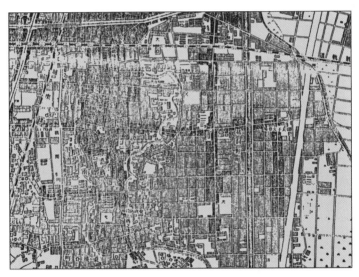

그림6. 1921년 측량·1929년 수정 측도. 대일본제국 육지측량부 1만분의 1 지도

또한 1929년의 지도에 의하면 샤리지 3정목을 지나 하야시지 6 정목에 이르러 현재의 이쿠노미나미 초등학교의 서쪽 부분에서 동서로 갈라지도록 개착되었다. 그렇다면 오이케바시에서 현재의 이쿠노미나미 초등학교 부근까지의 공사는 1921년 이후에 이뤄진 셈이다. 이 지도들에서 알 수 있는 사실은 기존의 역사서에 나온 착공과 준공 시기는 모순과 불명확한 점이 너무 많다는 것이다. 또한 공사 장소에 대해 기술한 『히가시나리구사』의 공사 거리도 지도와는 맞지 않는 수치가 기재되어 있다.

이후 오사카시의 각종 자료를 조사해 히라노 운하의 공사 착공과 준공 시기를 밝히고자 했지만 끝내 히라노 운하 개수 공사의 착공 연도를 찾아내지 못했다. 다만 준공 시기에 대해서는 『메이지 · 다이쇼 오사카시사』 오사카시청 편 제8권의 연표 중에 '신 히라노강 준공 1923년 12월'이라는 기록을 찾아냈다.

이 기록에 따르면 히라노 운하는 1923년 12월에 현재의 이쿠노미나미 초등학교 부근의 이마가와 분기점까지 개수 공사가 완료되었다. 1921년에 착공된 히라노 운하 개착 공사가 1923년에 준공된 것이다. 그렇다면 이카이노 지역의 재일조선인 집단 거주지 형성은 히라노강 개수 공사와 분리해서 생각해야 한다.

다만 이들 공사에 종사한 조선인 토공과 이카이노의 초기 주민 일부가 아예 무관하다고는 할 수 없다. 1910년대 후반 이후 네코마강, 히라노강, 국도 등의 토목 공사에 많은 조선인 노동자들이 토공으로 종사했기 때문이다. 그러나 그 사람들의 이카이노 정주에 대해서 김희조 씨는 다음과 같이 부정한다.

"토공 일을 하던 조선 사람들은 함바에서 생활했기 때문에 집을 빌리지 않았습니다. 그렇게는 생활할 수 없으니까요. 운하 개수 공사든 국도 공사든, 공사 현장 가까운 곳에 함바를 지었기 때문에 운하 공사 때는 현장 근처에 인가가 없었어요. 게다가 함바는 공사를 진행하면서 함께 옮기기 때문에 정착하면 일을 잃게 됩니다. 집을 빌릴 필요도 없었지만 설령 빌리고 싶었다 해도 집이 없었습니다. 당시 이카이노 주변은 온통 벌판이었으니까요."

'온통 벌판'인 광경을 봤던 김희조 씨를 비롯해 이카이노의 어르신들은 "살 집도 없는데 어떻게 살겠습니까?"라며 히라노 운하 공사 종사자인 조선인 토공의 이카이노 정주설을 부정한다. 단지 이카이노 주변의 주택 문제만 두고 보면 '온통 벌판'이라던 어르신들의 기억에는 약간의 착오가 있다고 보는데, 히라노 운하 공사 이전에도 주택이 적게나마 있었기 때문이다.

오사카시 사회부의 조사에 의하면 일찍이 1920년대 중반, 오사카시 내에서 조선인이 가장 많았던 히가시나리구 히가시오바세 157번지, 속칭 '조선 마을'의 셋집들을 보면 1909년에 89채의 나가야가 있었고, 조선 마을에 이어 조선인이 많이 거주하고 있던 이카이노 1366번지에는 1916년에 47채의 나가야가 지어졌다고 한다. 이 나가야들은 모두 히라노강, 네코마강 개수 공사 개시 이전에 지어진 것이어서 이 셋집에 공사 인부인 조선인 토공들 중 일부가 살게 된 것이 아닌가 추정할 수 있다.

그러나 오사카시 사회부의 조사에서는 1910년대 초의 셋집 주민은 일본인뿐이었으며, 히라노 운하 공사가 이뤄진 1922년까지도 대부분의 주민은 일본인이었다. 이 조선 마을과 '이카이노'의 셋집에 조선인 거주가 늘어난 것은 1923년 이후이다. 게다가 1923년, 1924년의 합계가 불과 16가구로, 히라노 운하 개수 공사에 종사한 조선인 토공이 공사 종료 후에 많은 인원이 그대로 남아서 이카이노 지역에 정착했다고 하는 것은 시기나 정착 인원으로 추정하더라도 무리가 있다.

그런 점에서 이카이노에 계속 거주해 온 김희조 씨 등 어르신들의 이야기처럼 히라노 운하 건설 노동자인 조선인 토공이 대량으로 정착한 것이 옛 이카이노의 조선인 집단거주지의 시초라고 볼 수 없다는 증언은 타당하다는 생각이 들었다.

'조선 마을'의
성립

첫 셋집은
두 칸짜리 나가야

이카이노 지역(이하, 이 책에서 이카이노 지역은 구 이카이노정뿐만
아니라 쓰루하시, 나카모토, 이마자토, 히가시오바세 등 조선인이 많이
거주한 지역을 포함한다)에 나가야 방식의 셋집이 수십 채 단위로
여기저기 들어서고 가옥이 밀집한 것은 1925년 무렵이다.

앞에서 언급한 대일본제국 육지측량부 지도를 보면 1929년 신
히라노강 양쪽에 인가가 빽빽이 들어선 것을 볼 수 있다. 당시 급
증하는 오사카시의 인구를 수용하기 위한 택지가 구 오사카시 주
변에 조성되었고, 이 지역의 지주들이 정지조합을 만들면서 도시
화가 급속히 진전되었다.

당시 이 지역에 있던 가옥에 대해서 오사카시 사회부의 〈보고〉
는 다음과 같이 말하고 있다.

다마쓰쿠리의 발전은 점차 남부에 영향을 주었다. 1901년에
는 오늘날 다마쓰쿠리신사이바시라는 이름의 거리에 해당하
는 쓰루하시기노마치 38번지인 조토선 건널목 옆에 '요시노
유'라는 목욕탕이 생겼다. 이어서 1904년에는 히가시오바세

정 177번지에 사카모토 의사의 가옥이 건축되었고, 1906년에는 앞에서 언급한 요시노유에서 남동쪽에만 약 마을의 절반 정도 주택이 들어섰다. 이렇게 해서 1907년에는 조선 마을이 만들어지고 점차 야마하쓰 메리야스 공장 부근부터 발전했다. (『쓰루하시·나카모토 방면 거주자의 생활 상황』 오사카시 사회부, 1928년)

'쓰루하시·나카모토 방면'이라고 하면 현재 이쿠노구의 조선인이 많이 거주하는 지역에 해당하며 이 조사가 이루어진 때부터 조선인 거주자가 많았다.

〈보고〉에는 오래전부터 많은 인가가 들어선 것처럼 나와 있지만, 앞에 언급한 지도에서 알 수 있듯이 조선 마을이 건설되었다는 1907년은 인가가 드문드문 있던 때이다. 당시 상황에 대해서 김한봉金漢奉 씨는 이렇게 말했다.

"내가 이곳에 도착한 1927년에도 인가가 지금처럼 밀집해 있지 않았어요. 주변에는 논과 밭이 있었고 돼지우리와 닭장이 여기저기 보였습니다. 이마자토신치가 생긴 것이 아마 1932년 무렵이기 때문에 이카이노도 밭과 습지대를 메우면서 조금씩 나가야식의 셋집이 들어서는 상황이었습니다."(제주도 북제주군 출신, 현재 이쿠노구 거주)

지주들은 셋집용으로 두 칸짜리 나가야나 단층집을 지었는데, 그런 나가야가 여기저기 수십 채씩 들어서고 있었던 것이다. 그런 가옥이 건설된 시기에 관한 〈보고〉의 기록은 다음과 같다.

다음으로 가옥의 건축 연도를 보면, 1892년에 지어진 것이 가장 오래되었고 1920년의 건물이 가장 최근의 것이다. 즉 건축 후 8년 내지 36년이 지났다. 25년 이상 경과한 가옥은 102호가 존재하고, 전체의 13.5%를 차지하며, 가라스요코, 자살 연못 터, 경찰서 옆 등 3지구에 있으며, 처마가 약간 기울어져 당장 개축이 필요했다. 전체의 28.6%로 가장 큰 비중을 차지하는 1909년의 건물도 집주인이 수리하지 않았고 그 주거지에 있는 사람들의 무관심 때문인지 심하게 파손되어 볼 나위가 없는 상태이다.(『쓰루하시·나카모토 방면 거주자의 생활 상황』)

가옥의 방 배치 등에 대해서는 이렇게 나와 있다.

가옥 양식을 보면 모두 기와집 목조 건물이고 거의 전부가 일반적인 나가야이며, 칸막이로 몇 가구를 나눈 긴 집과 터널 나가야와 같은 특수한 것은 없다.(중략)
단층집이 절대다수로 전체의 59.1%를 차지하고 2층 건물이 그 뒤를 잇는다. 또한 이 지역에는 이 두 건물 중간을 차

오사카의 제주인마을, 이카이노 이야기

지하는 중간 2층이라고 할 수 있는 가옥도 존재한다. 이런 종류의 가옥은 오히려 단층에 속한다고 생각할 만한 구조이다. 보통 단층보다 조금 높아서 다락에서 사람이 서 있을 수는 없고 불편하게나마 살 수 있을 정도인데 현재 그 다락방인 중간 2층에 거주하는 사람이 많아서 특별히 구별하는 바이다.(『쓰루하시·나카모토 방면 거주자의 생활 상황』)

이 〈보고〉 내용을 뒷받침하듯 이카이노 형성 초기부터 살고 있는 정만정 씨는 다음과 같이 말한다.

"토지 정지작업을 한 곳에 지금의 단지와 같은 집들이 들어섰습니다. 전부 셋집이고 땅 주인이 지은 것입니다. 집의 형태는 2층짜리 두 칸의 나가야와 단층집 여섯 칸의 나가야가 대부분이었고, 방 배치는 다다미 6장, 다다미 4장 반, 그리고 다다미 3장의 부엌, 셋집들 대부분이 이렇게 만들어졌습니다."

대부분이 셋집인 이러한 가옥들이 이카이노 등 히가시나리구의 히라노강 양쪽에 많이 있었다.

신라의 신들과
조선 마을

이카이노 지역에 조선인이 거주하게 된 상황을 알 수 있는 자료는 매우 적은데, 1928년『쓰루하시·나카모토 방면 거주자의 생활 상황』과 그 이듬해인 1929년에 간행된『본 시의 조선인 생활 상황』에서 겨우 한 단면을 찾을 수 있다.

『쓰루하시·나카모토 방면 거주자의 생활 상황』에는 "1909년에 조선 마을이 건설되어……"라며 마치 1909년에 조선인이 살고 있었다는 듯한 설명과 함께 보고서 첫 페이지에 '조사지구 약도'가 실려 있는데 그 약도에도 조선 마을이라는 지명이 나온다.

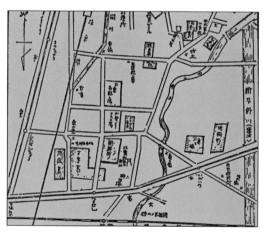

그림7. '조사지구 약도'의 일부

오사카의 제주인마을, 이카이노 이야기

먼저 그 지도를 보고 현재도 그런 지명이 있는지 현재의 이쿠노구 지도에서 찾아봤지만 그런 지명은 없었다. 그 후 여러 자료를 조사해 보니 정식으로는 히가시오바세 152번지라고 불렀다는 것을 알 수 있었다. 조사를 진행할 때 그 지구에 조선인이 많이 살고 있어서 속칭으로 불렀던 것을 관청의 보고서에도 사용한 것이다.

1984년 여름, 조사지구 약도를 보면서 조선 마을 일대를 돌아다녔다. 이카이노에서 태어나고 자란 K군의 안내로 약도에 조선 마을이라고 기입되어 있는 주변을 돌아다녔다.

약도를 K군에게 보였더니 잠시 그 지도를 바라보다가 "이 근처에는 조선 사람이 별로 살지 않는데"라고 중얼거리며, "지도가 너무 엉성하네요."라고 말했다.

현재의 히가시나리구 지도에 약도를 대조해 봤더니 매우 조잡하다는 것을 한눈에 알 수 있었다. 그러나 조선 마을이라고 나와 있는 장소를 찾는 건 그리 어렵지는 않았다. 바로 히메코소 신사의 서쪽에 근접해 있는 시가지였던 것이다.

조선 마을은 들어본 적이 없다는 K군도 히메코소 신사라고 하니 곧 "아, 거기"라고 말했다. K군은 히메코소 신사의 신이 조선인(신라 시대의 조선인이지만)이라는 이야기를 해줬다. 순간 나는 놀라움을 금치 못했다. 신라 시대에 일본에 도래한 신을 이 땅에 모신 신사 주변에 4,100년 후 일본으로 건너와야만 했던 동포들이 모여 살게 되었다는 사실에서 일종의 인연 같은게 느껴졌다.

신사에 흥미가 생겨 『히메코소 신사 약연기』를 찾아서 조사해

신라의 여인을 조상신으로 삼은 히메코소 신사

보니 그 신사는 『엔기시키延喜式』에도 게재된 유서 깊은 신사였다.

제신인 시타테루히메노미코토는 다카히메노미코토 또는 와카 쿠니타마라고도 한다. 그의 아버지는 오나무치노미코토, 일명 오 쿠니누시노미코토라고도 하고, 어머니는 타키리비메노미코토라 고 한다. 그러나 『고지키古事記』의 오진텐노 부분에 "몰래 작은 배 를 타고 도망쳐 건너와 난바에 머물렀다."라며 신라의 어느 여성 을 모셨다는 설도 있다.

말하자면 신사명인 히메코소는 여신을 모신다는 의미이다. 처 음에 신사는 아쿠메산, 지금의 히가시오바세 2정목쯤에 있었고, 중세에는 무장을 숭경하는 자도 많았고 신사의 영토도 광대했다 고 한다. 그러다가 16세기 후반에 오다 노부나가가 이시야마혼칸 지를 공략했을 때 재해를 입고 현재의 장소로 이전한 이래 쇠락하 여 오늘에 이르렀다고 한다. 신라의 여신을 모셨던 신사 주변이

오사카의 제주인마을, 이카이노 이야기

오사카에서 가장 먼저 조선인 밀집 지역이 되었다니 신도 꽤 신통한 일을 하신다는 생각에 쓴웃음을 금할 수 없었다. 하지만 이처럼 오래된 신사를 막상 찾아가 보니 경내는 혼잡한 거리에 둘러싸인 작은 신전만이 쓸쓸히 자리를 지키고 있었다.

『쓰루하시·나카모토 방면 거주자의 생활 상황』에도 이렇게 나와 있다.

> 히가시오바세정의 시영 전철 이마자토선의 쓰루하시와 이카이노 두 정류소의 중간 북쪽에 진좌해 있으며, 경내는 좁은데다 신전도 아름답지 않고 게다가 그 서쪽에는 광장을 사이에 두고 조선 마을의 빈민가에 접해 있다. 지금은 볼품없는 모습이지만 엔기시키에도 나와 있는 상당히 유서 깊은 신사이다.

"서쪽에는 광장을 사이에 두고 조선 마을의 빈민가에 접해 있으며……"라고 해서 그 서쪽 골목길에 들어가 봤다. 작은 집들이 빽빽이 늘어섰고 도로에는 기껏해야 한 칸 반 정도의 집들이 다닥다닥 이어져 있었다. 그 일대를 1984년 여름, 기상이변으로 찌는 듯한 무더위 속에 땀을 흘리며 돌아다녔는데, 그 집들에서는 조선인의 냄새가 풍기지 않았다. 같이 걷고 있던 K군도 "이 근처에는 조선인이 별로 없는데요."라고 중얼거렸다. 골목 안 집들의 작은 대문 위에 붙어 있는 문패에도 조선인 이름은 없었다. "아무래도 조선인은 없는 것 같네요."라고 말하는 K군과 그 동네를 뒤로 하고 발길을 돌렸다.

하지만 돌아와서 혼자 있다 보니 이대로 포기하고 싶지는 않았다. 놓친 게 있을지도 모른다는 생각에 혼자서 그 거리를 찾아 다시 돌아다녔다. 뭔가 발견할 수 있을 것이라고 기대했는데 결과는 역시나 마찬가지였다. 그렇게 골목 안을 혼자서 두리번거리며 돌아다니다가 우연히 한 어르신을 발견해 다가갔다. 더위를 못 이기고 웃통을 벗은 채로 헐렁한 잠방이만 입고 밖에 나와 있던 어르신은 불쑥 나타난 타지 사람을 경계하는지 수상쩍은 듯이 나를 바라보았다.

"저⋯⋯ 말씀 좀 여쭙겠습니다만, 이 근처에 조선인의 집은 없습니까?"

어르신은 "글쎄, 모르겠는데⋯⋯."라고 대답하고는 고개를 홱 돌려 버렸다. 그것으로 끝이었다. 더 이상 어찌할 수가 없었다. 정말로 어르신이 몰랐던 것인지, 타지 사람과 마주치고 싶지 않아서 그렇게 대답했는지는 잘 모르겠지만, 어쨌든 그 어르신에게서 다른 대답을 듣기는 어려울 듯싶어 발길을 돌렸다.

그 골목 입구에 마을 이름을 기입한 표시가 있었는데 거기에는 '히가시오바세 3정목'이라고 적혀 있었다. 조선 마을의 존재를 기재한 『본 시의 조선인 생활 상황』과 『쓰루하시·나카모토 방면 거주자의 생활 상황』은 그 지역을 전자는 '히가시오바세 157번지'라고 하고, 후자는 152부터 184번지까지 기재했다. 이 번지는 현재 존재하지 않고 전부 히가시오바세 3정목에 해당하는 번지이다. 3정목 7번지부터 8번지와 신사 주변을 걸어 돌아다녔는데, 단한 집도 조선 이름의 문패를 단 곳이 없었고 조선 사람 같아 보이는 사람도 찾아볼 수 없었다.

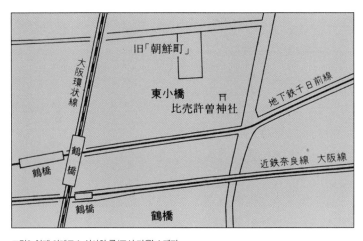

그림8. 현재 히메코소 신사와 구 '조선 마을' 소재지

　그렇게 체념하고 돌아가려고 좁은 길로 들어서다가 문득 문패를 보았는데 일본식 이름인 '新井 모' 옆에 박 모의 조선인 이름이 적힌 것이 눈에 들어왔다. 그 옆집도 그리고 그 옆집도 김 모이고, 정 모이다. 그 골목 양쪽 가옥의 문패에는 모든 가옥이 조선인 이름뿐이거나 일본명 옆에 조선인 이름이 적혀 있었다. 그 골목만 모두가 조선인 거주자였던 것이다. 그 지구의 번지는 불과 1번이 다를 뿐이고 나가야 비슷한 그 가옥에는 조선인과 일본인이 놀라

예전 '조선 마을' 지역에는 지금도 모든 주거지에 조선인이 산다.

우리만치 분리된 상황에서 생활하고 있었다. 문패를 보며 걸으면서 '아, 이곳이 오사카시의 조사보고서에 있던 조선 마을 소재지인가' 하는 생각에 가슴이 벅차올랐다.

　1920년대 초중반에 형성된 조선 마을에는 현재도 조선인 거주자가 살고 있다. 그곳에 사는 사람들은 바뀌었지만 조선인 거주자가 대를 바꿔가며 살고 있다. 일단 조선인 거주자가 살게 되면 그곳에 있던 일본인 거주자는 나가고, 나가고 싶어도 나가기 어려운 조선인 거주자만 남기 때문에 70년 가까운 세월이 지나도 같은 이방인이 그곳에 살고 있는 것이다. 오래된 집들을 바라보며 70년 세월이 지나도 이곳에 사는 이방인의 처지는 그다지 크게 바뀌지 않았다는 생각이 들었다.

일본 각지에는 속칭 조선 마을이라고 불린 지역이 많이 있지만, 오사카시에는 1928년의 〈보고〉에서 히가시오바세 152번지를 조선 마을로 부르기 이전에 공문서 등에서 조선 마을로 칭한 곳은 없다. 예를 들어 1923년 발표된 조선총독부의 조사인 『게이힌과 한신(게이힌은 도쿄와 요코하마, 한신은 오사카와 고베를 말한다) 지방의 조선인 노동자』에 오사카부 기시와다시의 기시와다 방적회사에서 일하던 사람들의 거주지 중에 조선 마을에 대한 기술은 있지만 히가시오바세의 조선 마을에 대한 기술은 없다. 조선총독부의 조사에서는 다음과 같이 나와 있는데 히가시오바세 지명은 없다.

> 오사카부 내에서 조선인이 가장 많이 거주하고 있는 곳은 인접해 있는 마을인 히가시나리군 쓰루하시정, 나마즈에정, 니시나리군 이마미야정, 도요사키정, 사기스정, 시내의 니시구 이즈오정, 오사카시 오카정 각 방면인데……
> 조선인만의 부락은 아직 형성되지 않았지만 집단생활을 영위하고 있는 곳은 니시나리군 사기스정 다이닌의 겐토시장, 센난군 기타카미촌 오아자 하루키의 조선인 사택, 기시와다시 난마쓰정 기시와다방적회사 사택 터의 조선 마을이 그 대표적인 예이다.

조선인 집단거주 지역을 조사한 1923년 말 시점에서 이카이노 정, 히가시오바세정의 나가야에는 조선인 노동자가 거의 살지 않았던 것으로 보인다. 또한 그 후 조선인의 거대 집단거주 구역이 된 이카이노 지역에 조선인은 거의 없었다는 이야기이다.

속칭 조선 마을이 오사카시 공식 보고서에 기재된 것도 『쓰루하시·나카모토 방면 거주자의 생활 상황』과 그 후에 오사카시 사회부 보고인 『본 시의 조선인 생활 상황』이다. 그 이듬해에 나온 『본 시의 조선인 주택문제』에도 호칭이 나오지만 그 이후의 보고에는 기재되지 않았다.

이 조선 마을에 언제부터 조선인이 살게 되었을까. 조선 마을이 있던 일대에 대해서는 다음과 같이 나와 있다.

> 1897년경까지는 쓰루하시촌 오아자 히가시오바세라 하여 히메코소 신사를 중심으로 하는 36호의 작은 촌락에 지나지 않았다. 1902년에서야 쓰가와 진자부로津川仁三郎가 처음으로 땅을 빌려줬고, 당시의 지대는 1개월에 2전 5리로 오늘날 35전에 비교하면 실로 하늘과 땅 차이라고 할 수 있다. (『쓰루하시·나카모토 방면 거주자의 생활 상황』)

1902년에 땅을 빌려주고 보고서에 나온 1909년에 42채의 셋집이 들어섰다는 것이다. 다만 보고서에 따라서는 "이리하여 1907년에 조선 마을이 건설되었고……"라고 하고, 1907년에 가옥이 지어졌다는 이야기도 있다.

그러나 이 1907년에 "조선 마을이 건설되어……"라고 하는 것은 이때부터 여기에 조선인 다수가 살았다는 의미는 아닌 것 같다. 『오사카부 통계서』에 의하면 그해와 그 이듬해 재오사카 조선인 수는 0명이기 때문이다.

이 조선 마을 가옥이 지어진 호수, 연대에 대해서 『쓰루하시·나카모토 방면 거주자의 생활 상황』에는 다음과 같이 통계 숫자를 제시하고 있다(〈표 1〉 이하, 수치는 자료 그대로).

이 〈보고〉에 따르면 조선 마을에는 조선인이 이주하기 이전부터 116채의 가옥이 있었고 이카이노에는 47채 가옥이 있었다. 그렇다면 언제부터 이 조선 마을에 집단적으로 조선인이 살게 된 것일까. 그 실태를 보여주는 내용이 『본 시의 조선인 생활 상황』 속에 나타나 있다.

표1. 건축연도별 가옥 수

연도	조선 마을	이카이노
1909	89	0
1910	0	0
1911	14	0
1912	0	0
1913	13	0
1914	0	0
1915	0	0
1916	0	47
계	116	47

이에 따르면 1928년 6월 말 현재, 조선 마을에는 81세대 475명의 조선인, 그리고 이카이노에는 30세대 176명의 조선인이 살고 있다고 한다. 그 사람들이 그 마을로 옮겨 살게 된 연대는 〈보고〉에 의하면 〈표 2〉와 같다.

이 통계를 보면 이 거리에 조선인이 많아진 것은 조선 마을은 1920년쯤부터이고, 이카이노는 1922년 이후이다. 이 시기 히라노 운하는 계속 공사 중이었고 그 현장에서 일하던 조선인 토공들은 공사장의 함바에서 생활했으며, 토공은 거주와 식사가 보장되어 있어 노동현장과 밀착된 함바를 벗어나 '셋집'에 사는 것은 생각할 수 없었다. 이 시기의 조선인 세입자들은 히라노 운하의 건설노동자인 조선인 토공과는 다른 경로로 이곳에 왔을 것이다.

표2 세대수의 변화

연도	조선 마을	이카이노
1915	1	0
1916	1	1
1917	1	0
1918	0	0
1919	2	0
1920	3	1
1921	3	0
1922	10	3
1923	2	3
1924	9	2
1925	11	4
1926	5	2
1927	9	5
1928	2	4
불명	22	5
계	81	30

하숙집에서
셋집으로

다다미 반 장의
하숙집

『본 시의 조선인 생활 상황』에 따르면 조선인 거주자들이 이카이노 지역에 정주하게 된 시기는 조선 마을은 1920년 무렵부터, 그리고 이카이노는 1922년 이후이다. 이는 1922년을 기점으로 오사카의 재일조선인 인구가 급증한 것과 관련 있다.

〈표 3〉의 〈재오사카 조선인 인구 추이〉의 통계에서도 확인되듯이 오사카에 조선인 이주자가 많이 살게 된 것은 1922년 이후이다. 그해 재오사카 조선인 인구가 급격히 증대한 이유는 아마가사키 기선이 제주도·오사카 간의 정기항로를 개설하여 도항이 편리해졌기 때문이다. 여행 일수는 이전의 부산, 시모노세키 경유와 비교하면 2분의 1, 뱃삯 등의 여비는 3분의 1로 줄어들어 제주도 사람들에게 도항 열기를 불러일으켰을 것이다.

제주도에서 오사카로 온 사람들은 우선 동포가 경영하는 '하숙집'에 숙박했다. 제주도에서 배가 도착하면 사람들은 나니와구 다테바정 근처의 숙소로 향했다. 그곳은 조선인을 상대로 하는 하숙집이나 여관(싸구려 여인숙)이었는데, 섬에서 도착한 조선인들은 그곳에서 하숙집 주인으로부터 일을 소개받거나, 형

오사카의 제주인마을, 이카이노 이야기

표3.
재오사카 조선인 인구 추이
(1912~42년)

연도	남자	여자	합계
1912	246	2	248
13	314	23	338
14	212	24	216
15	397	2	399
16	749	13	762
17	2,030	205	2,235
18	3,052	245	3,297
19	3,538	423	3.961
20	3,876	618	4,494
21	6,168	1,252	7,420
22	11,237	2,100	13,337
23	19,549	4,086	23,635
24	22,221	4,627	26,848
25	25,795	6,065	31,860
26	26,994	8,235	35,229
27	31,259	9,701	40,960
28	40,187	15,022	55,209
29	47,305	17,437	64,742
30	49,754	19,005	68,759
31	58,089	27,478	85,567
32	77,507	40,959	118,466
33	91,587	48,690	140,277
34	106,524	64,636	171,116
35	121,400	80,911	202,311
36	133,805	90,944	224,749
37	137,250	96,933	234,188
38	139,357	102,262	241,619
39	157,862	116,907	274,769
40	179,911	132,358	312,269
41	230,077	180,579	410,656
42	231,149	181,599	412,748
43	?	?	(395,380)
44	?	?	?
45	?	?	(308,338)

* 조선총독부 서무부 조사과 『한신·게이힌 지방의 조선인 노동자』(1924년), 내무성 경보국 편 『사회운동의 상황』(각 연도판) 타 자료를 통해 작성

제, 부모, 친척들에게 의지해서 일자리를 찾는 것이 일반적인 코스였다고 한다. 고범서高範瑞 씨는 도항 당시에 대해 이렇게 말했다.

"제가 제주도에서 일본에 건너온 때가 1923년인데, 오사카에 와서 제일 먼저 찾은 곳이 동포가 운영하는 하숙집이었습니다. 지인으로부터 소개받은 곳이었는데, 하숙집이라고 해도 아파트 같은 곳이 아니고 보통은 6칸 나가야의 단층집을 한 채 빌려서 하숙집으로 운영하고 있었습니다. 대부분의 사람들은 일본에 오면 먼저 그런 하숙집을 찾곤 했습니다."(제주도 북제주군 출신, 현재 이쿠노구 거주)

오사카 각지에 조선인이 경영하는 하숙집이 있었던 것은 〈보고〉에서도 명확히 밝히고 있다. 『판잣집 거주 조선인의 노동과 생활』(1927년)은 조선인들이 경영했던 하숙집의 존재를 기록했다.

1926년 7월, 쓰루하시 경찰서의 조사에 의하면 관내에 171호의 조선인 하숙업자가 있고 2,263명의 하숙인이 숙박하고 있다고 했다. 1호 평균 하숙 인원수는 14인이다.

〈보고〉에 나와 있듯이 당시 이카이노 지역에도 많은 '하숙집'이 있었다. 고범서 씨도 그런 하숙집에 거처를 정한 것으로 보인다.

그에게서 당시의 하숙집에 대해 들었다.

"당시 집 한 채는 대략 아래층은 다다미(다다미 1장 크기는 1:2의 비율을 가진 90cm×180cm여서 2장을 붙이면 1평) 6장과 다다미 4장 반, 2층은 다다미 6장 정도였어요. 그곳을 하숙집으로 만들어서 조선인 40명은 채웠을 겁니다. 벽장 위아래에 두 명씩 채워 넣을 정도였으니까요. 하숙집 주인이 욕심이 많아서 그랬던 건 아니었어요. 조선에서 힘들게 왔는데 돈도 없고 웬만한 여관에서는 묵을 수도 없고 하숙하고 싶어도 조선인은 하숙시켜 주지 않으니 조선인 하숙집 주인에게 무리하게 부탁하는 이들이 많았어요. 아무리 채워도 다 넣을 수가 없어서 하숙집 주인이 거절하면, '빨래 너는 곳이라도 좋으니 하숙시켜 달라'고 울며 부탁하곤 했지요. 비가 내리면 어떻게 했는지 모르지만 그만큼 조선인들의 주거 사정은 심각했습니다."

돈 벌러 온 가난한 농민 출신의 이방인을 받아줄 숙소는 없었을 것이다. 비록 싸구려 여인숙에 머문다고 해도 며칠 만에 숙박료가 바닥난 조선인 출가노동자들은 아예 숙소에 머물지도 못하고 동포들이 운영하는 하숙집에 묵었다.

조사에 의하면 1924년 오사카부 내에 집 한 칸을 마련해서 거주한 조선인의 수는 3,748명이지만, 집을 마련하지 못한 채로 90일이상 같은 마을에 거주한 수는 1만 2,664명으로 나와 있다(『한신·게이힌 지방의 조선인 노동자』조선총독부 서무부 조사과, 1924년 6월). 〈표 4〉는 오사카 조선인들의 당시 상태를 통계로 나타낸 것이다.

하숙을 하고 싶어도 만원이라 하숙을 못 구한 사람들은 폐가나 가축우리 등에도 거주했다. 조선총독부 조사에서 가옥 수를 의미하는 호수에 가옥의 상황이나 질은 고려되지 않았으며, 실제로는 생활할 수 없는 곳도 가옥 수에 포함했던 것 같다. 요컨대 더 이상 사용하지 않는 닭장에 사람이 살면 그곳도 가옥의 범주에 들어간 것으로 보인다. 다음은 직접 그런 상황을 경험한 윤종철尹鍾哲 씨가 들려준 이야기이다.

"제가 오사카에 왔을 당시 살 곳이 없어서 지인의 하숙집을 믿고 찾아갔는데 이미 만원이어서 들어갈 수가 없었어요. 어찌할 바를 몰라 며칠 노숙을 하다가 닭장이 비어 있는 것을 발견하고 그곳에서 살았습니다. 며칠 후에 소유주인 일본인이 와서 화를 내며 나가라고 호통을 쳤는데 사정해서 '집세'를 지불하기로 하고 거기에 사는 것을 허락받았습니다.

제가 들어간 다음에 다른 조선인들도 그 닭장에 살기 시작했고 점차 조선인 부락 같은 형태를 갖추게 되었습니다. 양계를 그만둔 지 2년 정도 지난 닭장이었는데도 악취가 여전히 심했어요. 여름이 특히 힘들었습니다."(제주도 북제주군 출신, 현재 이쿠노구 거주)

표4. 오사카부 내 거주 조선인 누계별표

	호수	집을 마련하고 거주한 사람			집이 아니더라도 90일 이상 같은 마을에 거주한 사람			그 외			계		
		남	여	계	남	여	계	남	여	계	남	여	총계
1912	9	49	1	50	103	1	104	94	-	94	246	2	248
1913	8	18	2	20	215	-	215	81	22	103	314	24	338
1914	12	12	2	14	159	2	161	41	-	41	212	4	216
1915	23	24	-	24	200	-	200	173	2	175	397	2	399
1916	39	105	1	106	421	7	428	223	5	228	749	13	762
1917	38	72	5	77	1,129	159	1,288	829	41	870	2,030	205	2,235
1918	70	89	26	115	1,946	158	2,104	1,017	61	1,078	3,052	245	3,297
1919	65	159	10	169	2,191	275	2,466	1,188	138	1,326	3,538	423	3,961
1920	128	266	47	313	2,687	484	3,171	922	87	1,010	3,876	618	4,494
1921	280	391	157	548	4,587	957	5,544	1,190	139	1,329	6,168	1,252	7,421
1922	710	1,310	615	1,925	6,579	1,016	7,595	3,348	469	3,717	11,237	2,100	13,337
1923	1,289	2,235	1,063	3,298	9,717	1,603	11,320	7,597	1,420	9,017	19,549	4,086	23,635
1924	1,442	2,627	1,121	3,748	10,887	1,777	12,664	8,707	1,729	10,436	22,221	4,627	26,848

〈비고〉본 표는 모두 매년 연말 현재인데 1912년 말은 3월 말로 나타낸다.

* 조선총독부 사무부 조사과 『한신・게이힌 지방의 조선인 노동자』(1924년)

하숙집에 들어가지 못해 닭장을 빌려 지냈다는 당시의 생활상은 실제로 공문서를 통해서도 확인된다. 예를 들어 『본 시의 조선인 생활 상황』은 조선 마을의 가옥에 대한 기술에서 "(이 주택들은) 전부가 목조의 일반적인 나가야이며, 미나토구 후나마치 및 고바야시정에 있는 것과 같이 무단으로 타인의 소유지에 지은 판잣집도 아니고, 히가시나리구 이쿠노 고쿠부정과 같이 원래는 닭장이었던 곳도 아니다."라며, 이쿠노 고쿠부정의 원래는 닭장이었던 곳에 조선인이 정착했음을 분명히 밝히고 있다.

하숙집에 들어간 사람들의 처지도 그리 좋지는 못했다. 한 사람이 보통 다다미 반 장의 공간을 차지하고, 밤에 잠을 잘 때는 꼼짝달싹 못 할 정도로 빽빽한 상태였다고 한다. 다다미 반 장에 어른한 사람이 생활했다고 하면 과장이 심하다고 의심하는 사람도 있겠지만 이는 오사카시의 보고서에서도 명확히 수치로 확인된다. 좁은 하숙집에 많은 조선인이 '하숙'하는 상황을 〈보고〉는 이렇게 기록했다.

> 오사카시 조선인 하숙집 20곳에 대해 조사(1923년 8월)한 결과, 총 다다미 수 267장에 하숙인 579명이 있는데, 다다미 한 장당 무려 2.17명 남짓이 되는 셈이다. 이는 조사 시기가 여름이라 해서는 안 될 일이지만 일부 하숙집 중에는 벽장도 부엌도 사람으로 채워진 경우도 있었다.(『조선인 노동자 문제』 1924년 4월)

같은 내용을 김희조金熙兆 씨에게서도 들을 수 있었다.

"다다미 네 장 반 크기의 작은 방인데요. 이 네 장 반에 열 명 이상이 들어가기 때문에 여름엔 너무 더워서 방 안에 들어갈 수 없고, 들어간다 해도 잘 수가 없었습니다."

비싼 하숙비

하숙집의 환경은 열악했지만 하숙비는 당시 물가에 비해 매우 비쌌다.

> "더럽고 좁은 하숙집이었는데 그래도 하숙비는 하루에 50전, 한 달에 15엔이었습니다. 아침과 저녁 식사비가 포함되어 있었지만, 아침 식사는 보리밥에 소금국 같은 된장국, 거기에 단무지 정도였고, 저녁 식사에 고등어조림이 한 조각이라도 나오면 괜찮은 식사였습니다."(김희조 씨)

당시 김희조 씨의 하루 하숙비는 50전이었다고 한다. 이는 다른 하숙집도 마찬가지였다.

> "1925년 무렵에 조선인 하숙집의 하숙비는 50전이 시세였습니다. 공장에서 일하면 하루 임금이 12시간 노동에 1엔 20~40전 할 때니까 결코 싼 하숙비가 아니었어요. 하숙집에서는 아침과 저녁에 식사를 제공해 줍니다. 밥은 수입쌀로

지어 알알이 떨어지는 밥이고 소금국 같은 된장국과 무채 삶은 것이 나왔습니다. 지금 사람들이 보면 도저히 먹을 수 없는 것이겠지만 고향인 제주도에 있을 때는 그런 것조차 먹을 수가 없었습니다. 이곳에서는 세끼를 먹을 수 있었기 때문에 불평도 하지 않고 먹었습니다."(고범서 씨)

하숙집은 단순한 숙박시설이 아니라 이국에서 일자리를 찾는 사람들의 사설 직업소개소 역할을 겸했다고 한다.

"하숙집은 일종의 직업소개소 같은 일도 했습니다. 예를 들어 일자리를 찾아 하숙인의 지인이 고향에서 찾아오면 하숙인이 집주인에게 그 지인을 하숙시켜 달라고 부탁합니다. 비좁아서 더는 들어갈 수 없는 상태인데도 갈 곳이 없다고 울부짖으면 뭐 어쩔 수 없이 받아줍니다. 하지만 고향에서 먹는 둥 마는 둥 하는 생활을 하다 일본으로 건너온 사람들이 여분의 돈을 가지고 있는 경우는 없으니, 하숙한 그날부터 일하지 않으면 안 되었고 하숙비도 일을 하고 나서 지불하는 후불이 되어야 했습니다. 그렇다 보니 하숙집 주인은 아는 영세기업주에게 새로 들어온 하숙인을 소개해서 고용하도록 부탁합니다. 평소에 그런 영세기업주와 알고 지내다가 싸게 사람을 고용하고 싶은 동네 공장의 경영주에게 소개료를 받고 하숙인을 알선하는 거지요.

그리고 하숙집에서 일자리를 소개받은 고용인들은 월급날 반드시 하숙집 주인을 동반해야 월급을 받을 수 있었습니다. 하숙집 주인이 그 자리에서 1일 50전의 하숙비를 제하고 나머지를 하숙인에게 줬던 겁니다."(강원범 씨)

비싼 하숙비와 직업 알선료를 확실히 챙겼다는 점에서 보면 하숙집 주인도 같은 나라 사람에게 단순히 친절을 베푼 게 아니라 이익을 가져다주는 상품처럼 생각했을지도 모른다. 당시 하숙 경영자들은 일찍이 일본에 건너와서 토공 같은 일을 하고 함바의 책임자를 경험한 사람이 많았다고 한다. 그 때문인지 토목공사 현장과의 인연은 이후에도 이어졌고 노동자를 토공으로 알선하는 하숙집도 있었다고 한다.

"하숙집 주인들은 대부분 함바 책임자 같은 사람이 많아서 토건회사 어느 조의 핫피(일본 직공들이 착용했던 각반 형태의 바지)도 한 벌 받고, 뭐 일종의 최말단 조의 관리직 같은 역할과 하숙하는 조선인을 그런 공사장으로 주선하는 역할도 겸하고 있었습니다. 그렇게 하면 하숙비로 실랑이를 벌이지 않아도 되니 하숙집으로서는 이익이 되었겠지요."(김희조 씨)

하숙집 주인도 하숙인들의 불만을 해소하기 위해서 이따금 하숙인의 비위를 맞추었다.

오사카의 제주인마을, 이카이노 이야기

"하숙집에서는 한 달에 두 번씩 '특식'이 나왔는데 바로 갈치조림이었어요. 당시 일본 사람들은 갈치를 먹지 않았기 때문에 갈치를 싸게 사 와서 내놓은 겁니다. 갈치가 없을 때는 정어리에 무청을 넣고 조린 것을 특식으로 내줬습니다.

왜 두 번이냐면 당시 노동자의 임금이 한 달에 두 번 지급되었기 때문입니다. 임금이 지급되는 날 하숙집 주인이 비싼 하숙비에 불만이 생기지 않도록 하숙인들의 눈치를 보면서 특식을 내준 것입니다. 당시 조선인 노동자들에게는 나름 고급 음식이었습니다."(강원범 씨)

이런 하숙집을 벗어나 집을 구해서 생활하고 싶은 소망은 누구에게나 있었을 것이다.

하숙집에서
셋집으로

"마을의 하숙집은 부부가 생활할 만한 상황이 아니었기 때문에 부부가 함께 일본에 온 사람들은 꼭 집을 갖고 싶어 했어요. 하지만 일본인 집주인들은 조선인에게 절대 집을 빌려주지 않으려고 했어요. 그래서 지혜라고 해야 하나, 속임수라고 해야 하나, 일본인 이름을 사용하거나 일본어를 능숙하게 해서 겉보기에는 일본인으로 보이는 지인을 임차인으로 꾸며서 빌리는 등의 여러 가지 방법을 사용했습니다. 하지만 그렇게 힘들게 빌려도 나중에 조선인이라는 것을 알게 되면 집주인이 찾아와서 강제로 쫓아내려고 했습니다. 그래도 계속 버티면 나가야 입구를 쾅쾅 못으로 박아서 출입할 수 없도록 해서 끝내버리는 일이 빈번했습니다."(김해룡 씨, 제주도 북제주군 출신, 현재 이쿠노구 거주)

김해룡金海竜 씨는 당시 일본인 주인이 조선인에게 집을 빌려주는 일은 절대 없었다고 한다. 이는 정만정鄭万正 씨도 마찬가지였다.

"집을 조선인에게 빌려주는 집주인은 거의 없었습니다. 심할 경우 '개와 조선인 거절'이라는 벽보가 붙어 있는 집도 있었습니다. 설령 일본인으로 가장해서 입주하는 조선인이 있다 해도 조선인이라는 것이 탄로 나면 바로 쫓겨났습니다."

그런데도 조선 마을과 이카이노에 조선인들이 집을 빌리게 되고 서서히 정착할 수 있었던 이유는 무엇이었을까? 정만정 씨는 그 이유에 대해 이렇게 말했다.

"옛날의 이카이노는 저습지대라 큰비가 내리면 마루가 침수되는 경우가 많아서 일본인이 집을 빌리지는 않았어요. 들어와도 바로 나가 버렸지요. 집주인 입장에서는 세를 놓으려고 지었는데 일본인 입주자는 들어오기 싫어하고, 그래서 어쩔 수 없이 조선인들에게 세를 놓은 겁니다. 그렇다고 모든 조선인에게 빌려주겠다는 건 아니었어요. 우선 첫째 조건은 일본인 보증인이 있어야 하고, 게다가 제대로 된 직업이 있어야 합니다. 그것도 같은 직장에서 1년 이상 일을 하고 있다는 증명서가 필요했어요.

제가 여기(구 이카이노, 현재 모모다니 3정목)에 들어온 게 1926년이었던 것 같은데요, 이웃집은 아직 빈집이었고 나가야 몇 채 정도가 비어 있었습니다. 그래도 집주인은 조선인에게는 빌려주지 않으려고 했습니다. 일본인 보증인이 있어

야 한다지만 일본에 온 지 1년 정도 되는 조선인에게 보증인
이 되어 줄 일본인은 없습니다. 게다가 1년 이상 같은 직장
에서 일하지 않으면 안 된다고 하는데 그런 조건을 충족시킬
수 있는 조선인은 몇 사람 없었거든요."

김종원金鐘元 씨는 자신들이 입주해 왔을 때의 상황을 다음과 같
이 말했다.

"당시 이 근처(현재 모모다니 2정목)는 아직 들판이었고 지주
가 매립 공사를 하고 새로운 나가야를 짓고 있을 때였습니
다. 그런 신축 집에 조선인이 들어가는 일은 절대로 없었어
요. 어떤 이유에서든 새로 지은 집에는 절대로 조선인을 들
이지 않겠다는 것이었습니다. 조선인이 입주할 수 있는 곳은
상당히 오래된 집이거나 주변 환경이 매우 나쁜 곳이었어요.
뒷골목의 저지대 같은 곳이었지요.
큰길에 조선인이 많아진 것은 전쟁이 시작된 후예요. 당시
고지대의 좋은 집에 조선인이 산다는 것은 대단한 일이었어
요. 거기에 살고 있다는 것만으로도 자랑거리가 됐으니까요.
전쟁으로 일본인이 떠나면서 빈집이 많아지고 그 빈집을 싸
게 팔거나 아무도 들어갈 사람이 없었기 때문에 조선인에게
도 빌려주다 보니, 이 주변에 조선인들도 자기 집을 한 채 갖
게 된 겁니다.

그전까지는 조선인이 집을 갖는다는 것은 쉽지 않았어요. 일본인이 빌려주는 집은 낡아서 다시 고치는 데 돈이 들고 공장이나 직장 책임자인 일본인의 보증이 있어야만 겨우 빌릴 수 있었습니다. 그리고 조선인이 한 번 입주했던 집을 일본인이 다시 빌리는 일은 거의 없다 보니 다음에도 조선인이 입주하는 일이 많았습니다. 당시에 집을 빌리려는 조선인은 얼마든지 많았기 때문에 다음에 들어갈 사람들이 줄을 서 있었고, 잇달아 동포들이 들어오면서 조금씩 조선인 입주자가 늘어난 겁니다."(제주도 남제주군 출신, 현재 이쿠노구 거주)

조선인들이 입주한 셋집은 가옥이 매우 낡았거나 저지대여서 비가 많이 오면 침수 위험이 있는 등 환경이 열악한 곳이었다고 한다. 앞서 언급한 1920년대 중후반, 조선인 세입자가 가장 많았던 히가시오바세의 속칭 조선 마을도 이카이노 지역에서는 가장 오래된 셋집들이었다. 그런 악조건의 셋집도 조선인이 집을 빌릴 때는 일본인, 그것도 고용주의 보증이 필요했는데 그런 보증인이 없어서 일부러 집주인을 속이고 사는 사람도 있었다. 그중 한 사람이었던 김해룡 씨는 말한다.

"지금 제가 살고 있는 미유키모리 조선시장 뒷골목도 1925년 말에 들어왔는데 일본 이름을 사용해서 들어왔습니다. 그런데 입주한 지 열흘 만에 조선 사람이라는 걸 알게 된 집주인이 달려와서는 안색을 붉히고 화를 내면서 나가라고 하더군요.

갈 곳이 없으니 제발 살게 해 달라고 몇 번이고 부탁했는데 집주인은 절대로 안 된다는 거예요. 소란스러워지니까 양쪽 집의 일본인들이 무슨 일인가 하고 놀라서 나왔다가 사정을 알고는 집주인에게 '나가라고 하다니, 너무하네'라며 중간에서 내 편을 들어줬습니다.

한 사람은 시영 전철 차장이고 다른 한 사람은 친동야(이상한 복장을 하고 악기를 울리면서 거리를 돌아다니며 선전·광고하는 사람) 아저씨였는데, '이 사람은 좋은 사람인데 굳이 내쫓을 필요는 없잖아요.'라며 나서서 얘기해 주는 바람에 집주인도 마지못해 입주를 허락했습니다."

조선인 이주자가 직면한 셋집난의 원인은 무엇이었을까. 우선 셋집이 턱없이 부족했다. 셋집 부족은 오사카시의 인구는 증가하는데 새 가옥은 건축되지 않는 불균형에서 비롯되었다.

오사카시의 세대수는 1925년부터 1928년까지 약 4년 동안에 1년 평균 2만 500세대가 증가해 연평균 2만 호 내외의 신축 가옥이 필요해졌다. 그러나 그동안 오사카시의 주택 철거는 평균 4,700호, 신축은 1만 8,000호가 이뤄지면서 순증가는 1만 3,300호 정도를 기록해 매년 평균 약 7,000호 정도가 부족한 상황이 되었다. 오사카시의 급격한 인구 증가로 주택 수급의 조절이 힘들어지면서 셋집 부족 현상이 발생한 것이다.

이런 상황에서는 집주인 측에 유리하게 임대 조건이 결정되는 것은 당연하다. 이렇게 유리한 상황이어서 집주인이 조선인 이주자에게 집을 빌려주고 싶지 않았던 것일까? 어째서 일본인 집주인은 조선인에게 집을 빌려주지 않았던 것일까? 이에 대해 집주인 측은 여러 가지 이유를 들고 있는데, 가난하고 집세도 내지 않고 약속도 지키지 않고 집을 부수고 더럽히기 때문이라는 것이다.

이러한 상황에 대해 오사카시의 〈보고〉는 다음과 같이 기술하고
있다.

> 극단적인 재오사카 조선인의 셋집난은 실은 주택 공급 부족
> 에 기인하고 있지만, 이 경향을 한층 조장한 것은 그들의 대
> 다수가 집세를 지불할 능력이 없다는 것과 일본인 집주인 중
> 에 조선인 세입자에게 자신의 집을 세놓는 것을 원치 않는
> 사람이 적지 않다는 것이다.(『본 시의 조선인 주택 문제』)

여기서는 "원치 않는 사람이 적지 않다"라고 나와 있지만 "적
지 않다"가 아니라 대부분이 빌려주는 것을 거부했다. 그 거부 이
유에 대해서 『본 시의 조선인 주택 문제』(1932년 7월)는 세 가지를
들었다. 집세를 체납하고, 공간을 거칠고 더럽게 사용하며, 한 집
에 군거하기 때문이라는 것이다. 1920년대 중반부터 이카이노에
집을 빌려서 그곳에서 지금도 살고 있는 정만정 씨와 김해룡 씨에
게 당시 집세를 체납한 적이 있는지 물어보았다.

> "그렇게 하면 쫓겨났어요. 당장 먹을 게 없어도 집세는 제대
> 로 냈습니다."(정만정 씨)

> "힘들게 빌린 집이었기 때문에 집세를 체납하고 쫓겨나는
> 일은 당하고 싶지 않았고, 보증인이 일본인 고용주들이었기

에 나는 체납한 적이 거의 없습니다. 한 달 정도 늦어지는 일은 있었을지 모르겠지만……."(김해룡 씨)

이들에 따르면 집세 체납은 셋집에서 쫓겨나는 구실이 되기 때문에 있을 수 없었다고 한다. 그러나 『본 시의 조선인 주택 문제』의 기록은 조금 다르다.

> 우선 집세 체납에 대해 살피건대, 재오사카 조선인으로서 실업, 그밖에 생활이 곤궁한 사람은 물론 비교적 생활에 여유가 있는 사람조차도 자주 상습적으로 집세 체납을 반복하고, 집주인으로부터 몇 차례 지불 재촉을 받아도 마이동풍으로 흘려듣는 바람에 온정적인 집주인이라도 그들에 대해 어쩔수 없이 합법적 또는 비합법적인 퇴거 수단을 강구하는 형국이다.

이 기록이 사실이라면 조선인들이 집세를 내지 않아서 조선인에게 집을 빌려주지 않았다는 것이다. 정만정 씨나 김해룡 씨의 말과는 큰 차이가 있는데 정말로 조선인들이 집세를 지불하지 않거나 체불하는 일이 많았던 것일까?

집세를
안 낸다는 것은 핑계

집세를 내지 않는 경우가 많았는지 적었는지는 기준이 무엇이냐에 따라 달라질 수 있는 문제이다. 비슷한 수준의 주택에 살던 일본인 세입자의 실태와 비교해 보면 좋을 것 같아 자료를 찾아보았다.

〈보고〉에서 기술한 시대보다 10년 후이긴 하지만 같은 오사카시의 〈보고〉 중에서 『본 시의 불량주택 조사』(1932년 7월)라는 보고서가 있었다. 이카이노 지역을 포함한 오사카시의 불량주택 1만 4,048호에 대해 조사한 것인데 그 통계는 〈표 5〉와 같다.

표5. 집세체납자 통계

	체납 없는 자	체납 있는 자	합계	전체 중 체납 있는 자의 비율
일본인	5,267호	6,204호	11,471호	54.08%
조선인	1,347호	1,230호	2,577호	47.72%
합 계	6,614호	7,434호	14,048호	52.91%

비고: 이 항목은 집주인을 조사한 것으로 집주인이 원거리에 거주하고 있어 조사할 수 없는 주택은 포함하지 않았다.
* 오사카시 사회부 『본 시의 불량주택 조사』(1930년)

이 수치는 도대체 무엇을 의미하는 것일까? 조선인은 집세를 체납하기 때문에 가옥을 빌려주지 않는다고 하지만, 같은 조건, 아니 일본인 세입자에게 좀 더 조건이 유리한 '불량주택'에서 체납자는 일본인이 전체의 54.08%이며, 조선인은 47.72%이다. 같은 조건에서 일본인이 조선인보다 더 많이 체납한 것이다. 그리고 뒤에 언급하겠지만 집세 체납 기간도 조선인의 경우는 기껏해야 3개월 이내이지만 일본인의 경우는 장기간에 걸친 체납자가 많다.

이 수치들을 보건대 조선인들이 집세를 장기간 체납하기 때문에 집을 빌려주지 않는다는 것은 객관적인 증거가 되지 못하며, 단순히 주관적인 생각이거나 집을 빌려주고 싶지 않기 때문에 사용한 '핑계'에 불과했을 수도 있다.

조선인에게 집을 빌려주기 싫어하는 집주인 측의 두 번째 이유는 공간을 거칠고 더럽게 사용한다는 것이다. 『본 시의 조선인 주택 문제』에는 다음과 같이 나와 있다.

> 다음으로 조선인은 그 가옥 사용상 이른바 관리 의무를 결여한 곳이 많고, 집세 지불은 고사하고 덧문, 맹장지, 천장 판자까지도 연료로 사용하는 등 난폭한 행동을 태연히 저지르고 있다. 게다가 일반적으로 문화적 의식이 낮은 그들은 거의 예외 없이 가옥의 청결에 대한 감수성을 갖고 있지 않기 때문에 그들의 가옥은 항상 불결한 모습으로 방치되어 조선

인 거리라고 하면 바로 비위생 지대의 불쾌감을 상기시키는
경향이 있다.

집세 체납, 난폭한 사용, 낮은 문화 의식, 불결 때문에 집주인이
조선인에게 집을 빌려주고 싶어 하지 않는다는 것이다. 집세 체납
이 근거가 없는 편견이라는 점에 대해서는 앞서 언급했다. 그렇다
면 난폭한 사용과 불결에 대해서는 어떠한가.

"어처구니없는 이야기입니다. 누가 본인이 빌린 집의 천장
판자나 맹장지를 땔감 대신 사용합니까? 그렇게 하면 본인
이 사는 곳을 살기 어렵게 만드는 겁니다. 내가 살 때는 제
주변에서 그런 바보 같은 사람은 없었어요."(정만정 씨)

"맹장지를 땔감으로 사용했다니 트집이에요. 다만 셋집에
고향 사람을 하숙시키기 위해 맹장지를 걷어내고 넓게 만든
적은 있지만, 일부러 그것을 땔감으로 쓰려고 뜯어낸 적은
없습니다."(김해룡 씨)

모두가 〈보고〉의 내용을 부정했다. 풍속과 관습의 차이에서 오
는 위화감이나 감정의 차이에서 오는 편견이 조선인들은 난폭하
다거나 어떻게 나올지 모른다는 생각으로 변했을 것이다. 풍속과
관습 등의 차이로 인한 위화감과 편견뿐만 아니라, 집주인이나 오

사카시의 관리들이 '더럽다' '문화 정도가 낮다'라는 인식을 품게 된 가장 큰 이유는 재일조선인 노동자들이 가난하고 최저임금 노동자였기 때문이다.

가난은 차별의 가장 큰 요인이 되는데 집주인과 행정당국자들로부터 조선인들이 차별과 편견의 눈초리를 받은 것도 그들이 가난했기 때문이다. 또한 〈보고〉에는 사기나 공갈 행위가 있었다고 나와 있다.

> 더욱 악질적인 사람은 항상 일본인을 내세워 그 명의로 착수금을 건네고 계속해서 집을 빌리고는 여러 가지 구실을 만들어 집세와 보증금을 떼먹거나, 혹은 마음 약한 집주인을 속여 일정 금액을 뜯어내거나 일부 집주인이 조선인을 꺼리는 태도를 역이용하여 5, 6개월분의 연체된 집세를 면제시킨 다음에 터무니없는 퇴거료를 강요하는 사람이 상당히 많다.(『본 시의 조선인 주택 문제』)

마치 사기, 공갈, 협박 등의 행위를 한 것으로 비난하고 규탄하는 것이다. 표면적으로는 그렇게 보일지 모르지만, 당시 고향에서 생활 수단을 빼앗기고 어쩔 수 없이 일본에 와도 혹독한 차별로 인해 살 곳을 빌릴 수조차 없는 이들의 불만과 분노가 이러한 양상으로 이어졌을 수도 있다. 이카이노에서 이 같은 '셋집 소동'에 가담한 적이 있다는 김병철金炳哲 씨는 당시를 즐겁게 회상하며 이렇게 술회했다.

"실직하고 조선인 하숙집에서 빈둥대며 일을 찾고 있을 때였어요. 아마 1926년쯤인 것 같은데, 하숙집에서 고高 뭐라고 하는 조선인을 알게 되었어요. 일본어가 능숙해 말하는 건 완전히 일본인이었고 옷차림도 일본의 기모노 같은 것을 입고 있고 이름도 일본 이름 같아서 어느 모로 보나 일본인처럼 보였지요.

그 남자가 나한테 '너 돈 벌고 싶지?'라고 하는 거예요. 그렇다니까 자기 일을 도와주겠냐고 하는 겁니다. 무슨 일인지 모르지만 일도 없었기 때문에 하겠다고 하니까, 내일 모리마치의 어느 곳에서 만나자는 겁니다.

이튿날 약속 장소에 갔더니 그 남자가 모르는 동포를 셋쯤 데리고 와서 '가자'며 앞장서 걷기 시작하는 거예요. 어디 가냐고 물었는데 잠자코 따라오라고 할 뿐 아무것도 설명해 주지 않았어요. 저녁 무렵이었는데 술 두 되 정도와 술안주 같은 것을 사서 어느 집으로 들어갔습니다. 셋집인 것 같았는데 빌린 지 얼마 되지 않았는지 전등도 들어오지 않았어요. 그런데 날이 어두워지니까 가져간 초에 불을 붙이고 술판을 벌이는 거예요.

술이 꽤 들어간 고 씨가 '야, 큰소리로 조선 노래 불러'라고 하더니 조선 민요를 부르기 시작하는 겁니다. 나는 걱정이 되어서 '고 씨 괜찮습니까?'라고 물었죠.

당시 조선인에게 집을 빌려주는 집주인은 없었고 만약 집을 빌려도 나중에 조선인이라는 걸 들키면 쫓겨났으니까요. 그래서 최대한 들키지 않게 해야겠다고 생각했는데 고 씨는 조선 노래를 크게 부르라고 했습니다. 게다가 함께 온 동포들도 술이 들어가니까 흥이 나서 소란스러워졌어요.

나도 그런 동포들을 보고 있자니 걱정도 사라지고 함께 술을 마시고 노래도 부르면서 오랜만에 큰 소리를 내면서 고향 노래 리듬에 흥에 겨워 있었는데 세 시간쯤 지났나, 밖에서 누군가 문 여는 소리가 나는 거예요.

나가 봤더니 두세 명의 남자가 보이고 한 사람이 문 앞에 서 있었어요. 그 남자가 '나는 이 집 주인인데'라고 말하더군요. 깜짝 놀라 고 씨에게 가서 전했더니 정작 고 씨는 '집주인이 왔어?'라고 답하고는 히죽거리며 입구 쪽으로 가는 거예요. 집주인이 고 씨에게 '당신 조선 사람이야?'라고 묻고 고 씨가 '그렇다'라고 대꾸하자, '아니 이런. 그럼 당장 나가!'라고 하더군요. 고 씨는 따져 물었어요.

'왜 나가야 하는데? 보증금도 권리금도 지불하고 계약해서 들어왔는데 왜 나가야 하는데?'

'당신 조선인이라고 말하지 않았잖아!'

'당신이 조선인인지 아닌지 묻지 않았잖아. 그리고 조선인이면 왜 안 되는데?'

'나는 조선인에게는 빌려주지 않아.'

'왜 빌려주지 않는데?'

'그건 내 마음이야. 나가라고 하면 나가.'

'아니, 왜 나가야 하냐고. 분명히 보증금도 집세도 냈는데.'

'그건 돌려줄 테니 나가.'

'돈 주고 빌렸으니까 나갈 수 없어.'

'나가지 않겠다고 하면 순경을 불러오겠어.'

'그래? 순경 불러와. 순경에게 제대로 계약서를 보여주지.'

'정 그렇게 나온다고? 나중에 무슨 일을 당해도 난 몰라.'

'왜? 무슨 일을 당하는데?'

'부탁해도 들어주지 않으면 힘으로라도 하는 수밖에……'

'어 그래? 힘으로 할 테면 해봐. 오늘부터 열 명 정도씩 조선인 동료들이 머물게 할 테니까.'

'아니…… 나가지 않으면 곤란해. 옆의 세입자가 싫어해. 부탁할게.'

집주인은 협박해도 안 된다는 걸 알고는 애원하듯 사정했지만 입씨름만 반복하다가 그날은 포기하고 돌아갔어요. 다음 날 집주인이 보증금 말고도 70엔 정도의 돈을 갖고 오더니 이러더군요. '이건 퇴거료야. 옆의 일본인이 조선인 들어오면 나간다고 하니까 제발 나가줘.'

그래서 고 씨는 '뭐 그렇게까지 한다면야'라고 하면서 그 돈을 받고 집을 비워 줬어요. 나중에 10엔 정도 이익 배당을 받았는데 이게 바로 고 씨가 노렸던 겁니다.

조선인에게는 집을 빌려주지 않는다는 것을 잘 알고 있었고, 그래서 분한 생각에 그걸 역으로 이용해서 집주인으로부터 '퇴거료'를 받아낼 생각을 했다고 합니다. 일본인을 쏙 빼닮은 고 씨가 일본 기모노를 입고 집을 구하러 가면 고 씨를 조선인으로 생각하지 않고 집을 빌려주는 것을 이용한 셈이지요. 그날 밤 큰소리로 조선 노래를 부르면 옆에 세든 일본인이 깜짝 놀라 집주인에게 항의할 것을 예상하고 우리에게 조선 노래를 부르게 했다는 겁니다.

이렇게 민족 차별 때문에 셋집에 조선인을 들이지 않는 집주인들에게 '합법적'인 수단으로 퇴거료를 내게 하는 경우도 있었습니다."(제주도 북제주군 출신, 현재 이쿠노구 거주)

그 행위가 강탈 행위임을 인정하면서도 표정이나 말투에는 나쁜 짓을 했다거나 강탈의 행위에 가담했다는 데 대한 어두운 느낌은 추호도 없었다. 오히려 왜 우리에게는 집을 빌려주지 않느냐는 차별에 대한 불만과 분노, 그런 집주인의 콧대를 적어도 그런 방법으로 한 방 먹인 데 대한 자신감 같은 것이 느껴졌다.

열악한
가옥 상황

　이렇게 대소동 끝에 겨우 살게 된 사람들의 가옥은 좁고 낡고 지저분했다. 〈보고〉는 조선인 밀집 가옥의 열악함에 대해 다음과 같이 설명한다.

> 조선 마을의 가옥 대부분은 1897년 이전에 건축된 목조 단층 건물의 나가야이며, 모두가 예외 없이 퇴폐하고 불결하고 습기가 매우 많았다. 통로도 심하게 울퉁불퉁하고, 날씨가 좋을 때는 처마에서 처마로 삼베 노끈을 이은 것이 마치 빨래 건조대 위에 젖은 빨래가 널려 있는 형국이다. 그러나 이런 종류의 가옥은 최악 중의 최악이 아니라 밀집 주거 지구의 가옥으로는 그래도 상등의 부류에 속한 것이었다. 막사, 판잣집, 나무 움막, 초가 움막에서의 조선인 노동자의 군거 생활은 인간 생활의 최저 표준을 추측하기에 충분하다. (『본시의 조선인 주택 문제』)

　그리고 그 가옥은 "어쨌든 집이 좁아서 친척과 지인들이 '하숙'

하면 만원 상태"(정만정 씨)였다. 다음은 그런 가옥의 상태와 거주지 부지의 상황에 대한 〈보고〉의 기록이다.

해당 지구(히가시나리구 쓰루하시키노정·히가시오바세정·이카이노정·나카미치정·나카모토정)의 전체 면적은 9,805.5평으로, 그중 도로 면적이 1,629.3평, 공터가 655.7평을 차지하고 있다. 따라서 순 가옥 부지의 면적은 7,520.5평으로, 그 면적 위에 756호의 가옥이 밀집하게 지어져 있다. 호당 면적은 9.9평이고, 건평이 평균 6평이므로 4평이 채 되지 않는 빈 땅이 가옥 안에 존재하며, 도로 폭은 장소에 따라 다르지만 3척 내지 1칸이다. (『쓰루하시·나카모토 방면 거주자의 생활 상황』)

표6. 건평 계급별 가옥 수

규모	조선 마을	이카이노	세무서 부근
4평 이하	6	–	–
5평 이하	–	6	–
6평 이하	101	13	17
7평 이하	2	21	31
8평 이하	1	2	–
8평 이상	–	2	–
합계	110	44	48
총 건평	646.0	291.0	318.5
1호당 평균 건평	5.9	6.6	6.6

조선인 노동자들이 간신히 빌린 가옥의 협소함은 〈표 6〉을 보면 쉽게 알 수 있다. 집 한 채의 건평 평균이 6평 미만이다. 조선인 노동자들은 이런 좁은 부지의 나가야에 삶의 기반을 두었고 그 대부분은 이카이노 지역에 집중되었다.

1929년 당시 이카이노 지역의 조선인 거주 가옥 수와 인원이 〈보고〉에 기재되었는데, 그 통계표는 〈표 7〉과 같다.

〈표 7〉을 보면 한 집에 평균 21.5명이 사는 곳이 있다. 그것도 건평 6평 정도의 집에 말이다. 히가시오바세의 조선 마을도 평균 18.2명이다. 이 조선인 집단거주 지역의 1호당 평균 주거자는 11.6명으로 되어 있다. 이것이 1929년 이카이노 지역 조선인의 주택 상황이다.

당시 조선인 노동자들이 얼마나 열악한 가옥 상황에서 생활해야 했는지를 알 수 있다. 이에 대해서는 오사카시도 〈보고〉에서 다음과 같이 기술하였다.

> 본 시의 조선인의 밀집한 주거 상황은 대략 표를 통해 추측할 수 있지만, 특히 대표적인 조선인 밀집 주거지구인 히가시나리구 히가시오바세정의 속칭 조선 마을에 대해서 살펴보면, 1호당 평균 주거 인원은 18.2명, 1인당 평균 다다미는 0.55장이며, 이를 니시노다 방면의 일본인 지구의 1인당 평균 다다미 3장에 비하면 조선인의 밀집 상태가 얼마나 심각한지를 쉽게 수긍할 수 있을 것이다.(『본 시의 조선인 주택문제』)

표7. 히가시나리구 조선인 거주 가옥 수와 인원

지역	가옥 수	남	여	계	1호당 평균 거주인 수
나카하마정	37	557	238	795	21.5
히가시오바세정	66	850	349	1,199	18.2
시기노정	84	1,085	182	1,267	15.1
이카이노정	25	233	54	287	11.5
이카이노정	54	484	126	610	11.3
이카이노정	38	261	157	418	11.0
나카미치정	20	146	69	215	10.8
오이마자토정	108	793	347	1,140	10.6
쓰루하시미나미노정	32	210	48	258	8.6
이카이노정	25	135	45	180	7.1
쓰루하시키타노정	19	109	27	136	7.2
기타이쿠노정	19	100	25	125	6.6
이카이노정	21	94	34	128	6.1
히가시모모다니정	30	120	35	155	5.2
이카이노정	38	195	70	265	4.3
계	616	5,372	1,806	7,178	11.6

* 1929년 6월 말 현재 오사카부 특고과 조사.
  '이카이노정'이라고 몇 군데 기재되어 있는 것은 모두 번지가 틀리다.

제주도 사람들의
마을

압도적으로 많은
제주도 출신들

이카이노를 알고 이카이노의 형성사를 조사하는 동안, 이카이노는 나와 같은 재일조선인의 집단거주 구역임에도 상당한 위화감이 느껴졌다.

우선 언어이다. 앞서 얘기한 대로 이카이노에서 오래전부터 살아온 사람들의 '조선어'를 좀처럼 이해하기 힘들었다. 1세대들인 그들이 사용하는 조선어가 제주도 사투리이기 때문이었는데 나처럼 경상도 출신 1세대를 부모로 둔 사람에게는 같은 조선인이라고 해도 어딘지 결이 다른 느낌이었다.

이카이노에서 만나는 사람들 거의 대부분이 제주도 출신이고 이카이노가 제주도 출신들에 의해 구성된 집단거주 구역이라는 것을 이해하는 데는 오랜 시간이 걸리지 않았다. 그렇다면 어째서 이 지역에 제주도 출신들이 많이 모여 살게 된 것일까?

히라노강 개수 공사가 있었던 1920년 당시, 이카이노에 제주도 출신들만 있던 것은 아니었다. 경상도, 전라도 등 '육지'라고 불리는 본토 출신들도 이카이노가 형성되기 이전부터 생활했으며, 오히려 그들이 더 많았다고 한다. 그러다가 1920년대 중후반부터 현재에 이르기까지 제주도 출신이 대부분을 차지하게 된 이유는 무엇이었을까?

우선 제주도에 대해 말하자면 지리학적으로는 조선 최남방의 섬이며 조선 최대의 큰 섬이다. 동서 73킬로미터, 남북 41킬로미터에 이르는 타원형의 섬이며, 그 면적은 일본 가나가와현의 면적에 거의 필적한다. 섬 중앙에 1,950미터 높이의 한라산이 솟아 있고 산 중턱에서 산자락에 걸쳐 300여 개의 기생화산이 있다. 섬에서 나는 농산물은 조, 보리, 메밀, 쌀 등이며 수산업은 반농반어의 겸업 형태가 많고 인구는 약 35만 명이다(1970년대 수치).

이 조선 최대의 섬인 제주도는 최대의 섬이라고 하지만 어쨌든 섬은 섬이다. 섬은 역사적으로 어느 나라에서든 본토로부터 차별을 받았으며 제주도도 예외는 아니었다. 게다가 조선시대에 제주도가 유배지가 되면서 본토 출신들은 제주도 출신에 대해 차별의식을 갖게 되었는데 이는 오키나와 도민들에 대한 일본 본토 사람들의 의식과도 유사했다.

김희조 씨는 당시 본토 출신들로부터 당한 행위에 대해 이렇게 말했다.

"육지 사람과 제주도 출신 사이에는 갈등이 있었습니다. 1920년대 중반에는 육지 사람들이 수도 많고 우리를 섬 출신이라며 멸시하고 괴롭히고 따돌렸어요. 제주놈 대가리 두드리면 술이 나온다는 등 말도 안 되는 소리를 하면서 집단으로 폭행을 하고 술을 사게 하는 일도 있었습니다.

당시에 아리랑단이라는 육지 사람들 단체가 있었는데 젊은 혈기로 활개치고 다니면서 폭력을 일삼았어요. 제주도 출신들은 순해서 종종 그들에게 괴롭힘을 당했습니다. 공장에서 일하던 노동자들이 월급을 받아서 한잔 하려고 술집에 들어가면 거기서도 싫은 소리를 들어야만 했습니다. '야 이놈들아, 니들만 마시니 기분이 좋냐?'라고 시비를 걸고 자기네 술값까지 내게 하는 일이 많았습니다. 육지 사람들, 정말 나쁜 짓들 많이 했어요."

이런 이야기를 한 후에 문득 내 얼굴을 보더니 "그런데 댁은 어디 출신입니까?"라고 물었다. 경상남도라고 대답하자 "그렇습니까."라고 말하더니 그때부터는 본토 출신에 대해 안 좋게 말하는 것을 삼갔는데 얼굴에는 여전히 화난 기색이 역력했다.

당시에는 본토 출신과 제주도 출신 간의 충돌이 종종 있었다고 한다. 결국 제주도 출신이 본토 출신을 쫓아낸 것이라며 강병철康柄哲 씨는 다음과 같은 일화를 꺼냈다.

"이카이노가 제주도 출신들로 채워지게 된 한 가지 사건이 있었어요. 1920년대 중반에 육지 출신으로 이뤄진 깡패조직 아리랑단과 제주도 출신 청년들 간에 큰 싸움이 있었습니다. 그동안 차별받고 괴롭힘을 당해온 제주도 출신 청년들이 아리랑 조직원들과 큰 싸움을 벌인 것입니다. 당시 조선인들끼리의 싸움은 일본 경찰이 보고도 못 본 척했기 때문에 스스로 방어할 수밖에 없었어요. 제주도 출신의 건장한 청년 열댓 명이 아리랑조직의 30여 명을 상대로 이마다 다리 근처에서 대난투극을 벌였습니다. 그것이 1925년 10월경인가, 내가 여기 온 지 2, 3년 지났을 무렵입니다. 보통은 경찰이 조선인들 간의 싸움은 모른 척하는데 그때는 사망자까지 나왔기 때문에 경찰서로 모두 연행되었습니다. 내가 들은 바로는 그 후에 전원 석방되었다고 했습니다.

이런 일이 있고 난 후 아리랑단이 해체되고 육지 출신도 더이상 거만하게 굴 수 없게 되니까 그다지 재미를 못 보게 되면서 이카이노에서 나가게 된 거 같아요. 그리고 다른 지역에서 괴롭힘을 당하거나 생활하기 힘들어진 제주도 출신 사람들이 이카이노에 모여들기 시작했어요. 여기라면 제주도 출신이 마음 편히 생활할 수 있다는 생각에 제주도 출신들로 점차 채워지게 된 겁니다."

　싸움으로 인해 본토 출신이 이카이노 지역에서 전원 퇴출당했다고는 생각할 수 없지만, 강병철 씨 이야기처럼 출신지별 대립은 1930년대에 들어서도 이카이노 지구에서 '사건'으로 종종 물의를 빚었던 것 같다. 『민중시보』는 그러한 사건에 대해 다음과 같이 보도하고 있다(의미가 통하지 않는 부분도 있지만 원문대로 번역하면 다음과 같다).

무뢰배의 발호와 지방 차별의 악습으로 인한
연일 유혈의 잔인한 난투
　- 이카이노 이치죠도리의 일부 지대에는 현재 비상경계선까지 그어져

　오사카시 히가시나리구 이카이노 이치죠도리는 이카이노의 가장 번화한 큰 거리로, 조선 여성이 면이나 마 종류의 옷감을 파는 상점들이 늘어서 있고, 조선 동포의 가옥과 통행하는 사람들이 많으며, 조선 청년들의 모임 장소 같은 곳이면서 유흥업소 같기도 한 '페리온'이라는 찻집과 '기무라야'라

고 하는 대중식당이 있다. 이곳에 싸움이 끊이지 않고 있다. 제주도 출신이 특히 많다기보다는 대부분이 정체불명의 청년들로 이루어진 무뢰배 무리가 대낮이건 한밤중이건 통행 중인 남녀에게 시비를 걸어 '테러'를 가하고 불의의 화를 입히는 등의 우려가 있다는 악명이 높다. 하숙과 직장이 그 부근인 이카이노 니시 3정목에 있는 경상남도 출신 천성월은 지난 13일(1935년 9월 13일) 오후 8시경, 자전거로 페리온 앞을 지나다가 길을 가던 소년과 부딪치는 접촉사고를 냈다. 그 자리에 있던 청년 격투기 선수가 이를 트집 잡아 천성월에 구타를 가했다. 천성월은 자전거를 하숙집에 맡긴 후 그곳으로 되돌아왔는데 그를 때린 격투기 선수는 이미 사라지고 그의 일행으로 보이는 교복 차림의 청년 한 명이 남아 있었다. 천성월은 그 청년을 붙잡아 부상당할 정도로 때리고 분풀이를 했다.

그러나 그로부터 2일 후 오후 10시 경, 교복을 입은 청년 한 명이 천성월이 운영하는 하숙집에 살고 있는 하숙인 강청지의 문 앞을 지나쳐 갔는데, 천성월은 그도 전날 구타한 일행이라고 생각하고 붙잡아서 앙갚음을 했고, 이를 보던 하숙집의 부인 한 명이 제주도 놈들은 때려 죽여 버리라고 폭언했다. 그러자 마침 이곳을 지나던 제주도 출신 10여 명이 "지방 차별하는 놈이 누구냐?"고 외치면서 몰려들었다. 그중에 전날 구타당한 청년도 있었는데 "전날 나를 때린 게 당신이야?"라고 따져 분위기가 험악해지자 천성월은 자신의 고용주인 김석사의 집으로 도망쳐서 숨을 죽이고 있었다. 청년은 따라 들어와 "그 놈 내놔"라고 외치고, "지방 차별을 하는 놈의 집이 여기야?"라며 모여든 일행과 함께 재봉틀과 가재도구, 유리창 등을 깨부쉈다. 집 주인인 김석사는 그 부근의 순사파출소에 신고하였고, 파출소에서 한잔 걸치고 있다가 급보를 접한 순사는 "조선인들 싸움은 골칫거리"라고 투덜대며 현장으로 향했다. 순사가 도착했을 때 김석사의 집은 이미 아수라장이었다. 김석사로부터 일련의 상황을 전해 들은 후 파출소로 돌아가던 순사는 도중에 교복을 입은 청년 두 명이 서 있는 것을 보고 "너희들이 한 짓이지?"라며 그 둘을 끌고 가려고 했다. 주위에 있던 사람들이 그 아이들은 그냥 구경꾼이었다며 소란을 피워대자 순사는 자신의 잘못을 알아챘는지 그대로 파출소로 돌아가면서 사건은 일단락된 것처럼 보였다. 그러나 오늘(15일) 아침, 천성월과 김석사는 다시 정식으로 파출소에 그 사건을 고발했다. 고발 내용에서 가장 중요한 사항은 어제 집을 습격한 사람들이 전원 제주도 출신이며 대부분 격투기 부원들이라는 것이었다. 그들은 중년, 청년, 소년 이렇게 3부대로 나뉘어 있고 청년부대는 싸움을 도발하고 중년부대는 이를 저지하는 척하면서 사람들을 많이 모으고, 그 사이 소년부대는 모인 사람들의 주머니를 노리고 소매치기를 하는 놈들이라고 했다. 이에 파

오사카의 제주인마을, 이카이노 이야기

출소는 페리온 찻집, 기무라야 식당 등의 일대에 비상경계선을 표시했다.

한편 김석사와 천성월은 이웃마을인 이카이노 니시 2정목의 경상남도 출신 윤공의 집에 모여 경상도 출신을 중심으로 백 명 가까운 지원대를 동원하고 도로의 요지에 보초를 세웠다. 그들은 페리온과 기무라야 식당에 들어가거나 아무것도 모르고 찾아온 청년들을 대상으로 제주도 출신이면 강제로 윤공의 집에 데려가서 린치를 가하거나 파출소에 데려가서 취조하는 등 잔인한 행위를 가했다. 하루에 5만 명 이상이 통행하는 이치죠도리 일대의 도로가 교통이 끊기고 윤공의 집 부근에는 손에 땀을 쥐는 심정으로 구경하며 "아, 어떡해, 불쌍해"라고 수군대는 사람들의 발길이 끊이질 않았다.

오늘 오후 8시경까지 밝혀진 중상자는 제주도 출신 한도룡 뿐이며, '린치'를 당한 사람이 2명, 파출소에 끌려가서 취조 받은 사람이 여러 명이다. 이 사건의 결말이 어떻게 될지 사람들은 주목하고 있다.(1935년 9월 15일자)

본토 출신들과 제주도 출신들 간의 험악한 갈등이 있긴 했지만 이로 인해 이카이노 지역이 제주도 출신들만으로 채워지게 되었다고 보기는 어렵다. 우선 이카이노 지역에는 당시 교외로 진출한 중소기업 노동자들의 주택지가 조성되기 시작했다. 이곳에 오사카 남동부의 영세공장 노동자들이 입주하면서 제주도 출신 노동자들의 고용도 늘어갔다. 당시 조선 본토 출신들의 직업은 대부분 토공, 탄광부, 자갈인부였는데, 제주도 출신은 이러한 직업보다는 영세기업의 노동자가 압도적으로 많았다. 게다가 제주도 출신들은 섬의 풍토적 특성상 고유의 풍속과 관습이 있고 상호부조 정신의 기풍도 강했는데 이는 군집성을 이루는 요인이 되었다.

현재 제주도 출신 재일조선인은 이카이노 지역을 최대 거주지로 삼고 있으며, 도쿄의 미카와시마 주변에도 집단으로 생활하고 있다.

이카이노 지역에서 제주도 출신들이 집단으로 거주하게 된 것은 우선 제주도 오사카 간 정기항로가 1922년 10월에 개통되고 '군대환(일본명 君ヶ代丸. 君ヶ代는 일본의 국가)'이 운행하게 된 것이 최대 요인

표8. 오사카부 거주 조선인 출신지별 비율표

출신지	인원(명)
제주도	609
전남(제주도 이외)	192
전북	9
경남	85
경북	55
충남	17
충북	3
경기도	18
강원도	4
황해도	–
평남	3
평북	–
함남	3
함북	2
계	1,000

*『오사카부 거주 조선인 생활조사』. 오사카 직업보도회가 1924년에 1,000명의 조선인 남성을 대상으로 한 조사

일 것이다. 이 정기항로가 개통되면서 오사카는 일본의 어느 도시보다도 제주도에서 가장 가까운 도시가 되었다.

그렇게 가까워진 오사카에 도항해 온 제주도 출신자들을 노동

오사카의 제주인마을, 이카이노 이야기

자로 고용하려는 영세공장이 이카이노 지역 주변에 있었고, 관습이 같고 상호부조 등의 풍습이 강한 제주도 출신이 이카이노 지역에 모인 것이다. 이카이노에는 제주도 출신뿐만 아니라 경상도와 전라도, 충청도 출신도 많았는데 다만 그 수가 제주도 출신자에는 훨씬 미치지 못했다.

정기항로가 개통된 후 오사카에 얼마나 많은 제주도 출신자가 거주하게 되었는지는 〈표 8〉의 통계수치에서 일목요연하게 제시하고 있다. 정기항로가 개통된 지 2년 후인 1924년의 조사에 의하면 오사카 조선인 중 제주도 출신 비율이 60%에 달했다. 이 통계를 보더라도 오사카부에서 제주도 출신이 절대다수라는 사실은 명백해 보인다. 이는 오사카부 전 지역을 대상으로 한 통계이며, 이카이노 지역만을 대상으로 하면 그 비율은 훨씬 높을 것이다.

농촌의 궁핍과
출가

그렇다면 어째서 제주도에서 오사카로 대량의 이민이 발생했을까? 그리고 그 수는 어느 정도였을까?

1920년대 이후 일본 각지에서 다수의 재일조선인 노동자가 출현하게 되는데 이는 일본의 조선 식민 통치의 결과라는 사실이 자명하다. 식민지 농정하에서 조선의 농민들은 경지를 빼앗기고 미약한 가내수공업도 공업상품의 유입으로 붕괴해 갔다. 게다가 당시 조선에는 근대적 공업이 존재하지 않아 도시 프롤레타리아로 나갈 수도 없다 보니 농민들은 중국과 시베리아로 유출되거나 농촌에 발이 묶인 채 잠재적 실업자로서 극빈의 생활을 이어갔다. 그런데 마침 일본 자본주의는 대량의 저임금 노동력이 필요한 시기였고, 이에 부응하여 조선의 농민들은 일본행을 택할 수밖에 없었다. 조선 전역에 대한 일본의 식민지 통치와 재일조선인 노동자의 형성사 과정은 이렇게 맞물리게 되었다.

제주도 역시 큰 틀에서는 이러한 시대적 배경이 그대로 적용되지만 한편으로는 제주도만의 특이한 상황도 존재했다. 예를 들어 일본의 근대적 어업으로 인해 제주도의 영세어민이 큰 타격을 입고 쇠락해간 것이다. 1907년경부터 일본 어업회사의 어선, 특히 기타큐슈와 서부 주고쿠 지방의 어선이 제주도 근해에 출몰했다. 제주도 주변은 세계적인 어장이며 조선에서도 굴지의 어장이었다. 오래전부터 원시어업에 종사해왔던 도민들은 눈앞에서 근대 어업방식으로 황폐해진 어장을 보며 망연자실할 수밖에 없었다.

어업뿐 아니라 면화 재배와 방직가내수공업도 제주도의 유력 산업이었는데 일본의 근대적인 대규모 방적공업에 의한 값싼 면포 유입으로 순식간에 섬의 중심 산업이 붕괴하고 말았다. 이는 일본으로 이주한 도민 중 이들 산업의 주요 생산지인 제주, 한림, 모슬포 지역 출신이 가장 많은 이유를 설명해 준다.

오사카의 제주 출신들이 직종으로 토공과 탄광 인부를 선택하지 않고 영세공장의 노동자를 선택한 것은 공장 노동자가 토공보다 노동조건과 노동환경이 좋은 이유도 있겠지만, 그보다는 이미 제주도에서 가내수공업의 노동 체험을 했던 것이 공장 노동자를 선호하게 만드는 배경이 되었을 것이다.

제1차 세계대전 당시 일본이 유례없는 호경기를 누리게 되면서 일본 내 노동자가 부족해지자 제주도 출신자의 일본 이주가 시작되었다. 일본의 자본가는 조선 본토는 물론 제주도에도 직공을 모집하기 위한 모집인을 보냈다. 극빈한 생활에 허덕이고 있던 제주도 사람들은 모집에 응하여 섬을 떠났다.

당시 제주도에서의 가난한 생활에 대해 고영순高英順 씨는 이렇게 회고한다.

"나는 열네 살에 제주도에서 일본으로 건너왔습니다. 제주 도에서는 너무 가난해서 일할 곳도 없고 생활을 해나갈 수가 없었어요. 당시 매일 밥을 먹을 수 있는 집은 우리 마을에서 몇 집도 안 되었습니다. 잡곡과 피가 많은 밥이라도 하루 두 끼 먹을 수 있으면 다행입니다. 우리 집에서는 하루에 한 끼 먹을 때도 많았고 그것도 산나물을 캐 와서 먹었습니다. 제 주도에서는 그런 생활에서 벗어날 수 없었기에 일본에서 일 하던 형을 의지해 오사카로 와서 일하기로 했습니다. 군대환 을 타고 오사카에 왔는데, 당시 운임이 12엔 50전이었던 걸 로 기억합니다. 당시에 그 정도의 운임을 마련하는 것이 너 무나 힘들었기 때문에 지금도 그 금액을 기억합니다."(제주 도 남제주군 출신, 현재 이쿠노구 거주)

제주도는 원래 쌀 생산량이 적고 피, 조 등을 많이 먹고 있었는 데 사람들은 그런 잡곡조차 먹을 수 없는 상황이었다. 그렇게 가 난하고 배고팠던 고향 생활의 기억이 있었기 때문에 많은 사람들 은 일본에 와서 가장 인상적이었던 것이 먹을 것이었다고 한다. 당시 어르신들은 하나같이 같은 이야기를 했다.

"일본에 도착해서 뭐가 가장 기억에 남았는가 하면 형이 사 준 우동이었습니다. 처음에 우동이라는 것을 먹었는데 얼마 나 맛있던지. 세상에 이렇게 맛있는 음식이 있나 싶어 깜짝

오사카의 제주인마을, 이카이노 이야기

놀랐습니다."(고영순 씨)

"조선에서 지인이 찾아오면 근처 우동집에 데려 가서 고기 우동을 사 줍니다. 당시로서는 훌륭한 대접이었습니다. 오야 코돈부리(달걀덮밥 종류)를 사 주면 그야말로 최고의 대접이 었습니다. 당시 오야코돈부리 가격이 한 그릇에 아마 15전 이었을 겁니다. 가격도 가격이지만 세상에 이렇게 맛있는 게 있을까 생각했습니다."(강원범 씨)

제1차 세계대전이 끝난 후 일본 기업은 직공 모집을 중단했지 만, 제주도민은 가난으로부터 벗어나기 위해 일본 이주를 이어갔 다. 특히 오사카 제주도 간에 아마가사키 기선이 1922년에 정기항 로를 개시하였고, 1924년에는 조선 우선郵船도 정기항로를 개통하 면서 오사카로의 항로는 매우 간편해졌다. 이 때문에 1924년 이후 일본에 건너간 제주도 사람들은 급증했다. 1924년은 1922년에 비 해 약 4배인 1만 4,278명이 일본으로 건너왔다는 통계 수치도 있 다(「제주도인의 일본 출가에 대해」, 『오쓰카지리학회논문집』 제5집, 마 스다 이치지).

극빈한 생활에 시달리던 제주도 사람들은 편리해진 도일 수단 에 좀 더 편안한 삶을 기대했을 것이다. 이카이노의 어르신들에게 이야기를 들으니 많은 사람이 이 정기항로 배편으로 오사카에 왔 다고 한다.

그리고 이 정기선의 이름을 대부분의 사람들이 기억하고 있었다. 정기선은 군대환으로 알려져 있다. 할아버지와 할머니들은 군대환 이름을 이야기할 때면 이루 말할 수 없는 그리움과 동시에 쓸쓸함과 슬픔을 느끼는 듯했다.

식민지 국민이 그 지배자의 나라에 이주해야만 하는 상황에서 타고 온 배 이름이 군대환이라니, 모순의 극치가 아닐 수 없다. 군대환에 대해 조사해 보았지만 국회도서관에도 관련 자료는 없었다. 할아버지와 할머니들은 러일전쟁에서 일본이 러시아로부터 포획한 선박이라고 하는데 그것도 그런 식으로 전해져 내려올 뿐 정확하지는 않다.

낡고 작은 연락선인 군대환을 타고 일본에 온 고범서高範瑞 씨는 당시를 이렇게 회상했다.

"나는 1922년 말에 제주도에서 오사카로 왔습니다. 당시 제주도에서 오사카를 오가는 연락선이 있었기 때문에 오사카는 가장 간단히 올 수 있는 일본 땅이었어요. 군대환이라는 연락선이었는데 러일전쟁 당시에 일본이 러시아로부터 빼앗은 낡은 배라 그런지 형편없었습니다. 군대환이 제주도 오사카 간 정기항로를 운항하면서 제주도 사람들에게 오사카는 가까운 곳이 된 거지요. 군대환은 제주도의 여러 마을 그러니까 제주, 한림, 서귀포 등의 항구를 돌면서 승객을 태워서 오사카로 왔기 때문에 섬에서 오사카까지 4일 정도 걸렸습니다."(제주도 북제주군 출신, 현재 이쿠노구 거주)

　이렇게 해서 수많은 제주도 사람들이 오사카에 상륙했다. 그렇다면 그 인원은 어느 정도였을까?

　연도별 통계는 찾을 수 없었지만, 앞의 논문 「제주도인의 일본 출가에 대해」에는 "1934년 4월 말 현재, 5만 53명 중 남자 2만 9,365명, 여자 2만 688명으로, 실로 제주도 총 인구의 25%에 달해……"라고 나와 있다.

　1934년 당시에 섬 전체 인구의 25%가 도일한 셈이다. 이는 평균 수치로, 한림 중심지역의 고산리에서는 32%, 서귀포 중심지역인 호근리에서는 35%나 일본으로 건너갔다. 이들은 대부분 노동 가능 연령층이었기 때문에 15세~40세 정도의 사람들 중 절반 이상이 일본에 건너갔다고 추정할 수 있다.

　더욱이 가구 수별로 보면 "1934년 4월 현재, 제주도민 세대수 4만 7,466가구 중 출가 허가증을 가진 도항 가구 수를 보면 그 수가 3만 498가구이며 무려 64%", "1가구당 평균 1.1명이 출가한 것이다."라고 「제주도인의 일본 출가에 대해」에 나와 있다. 극빈하게 생활하던 이들이 조금이라도 생가의 가계에 보탬이 되고자 일본에 건너갔는데, 그 비율이 섬 전체 가구당 1.1명에 달한 것이다.

생활고 때문에 제주도에서 일본에 간 사람들은 자신이 어떤 처지에 있든 고향에서 더 가난한 삶을 살고 있는 가족들을 위해 돈을 부쳤다. 기록에는 1926년부터 1933년까지 "8개년 간 송금총액이 730여만 엔의 거액에 달하며, 연평균 100만 엔의 송금을 하고……"(「제주도인의 일본 출가에 대해」)라고 나와 있다. 이는 일본에 온 사람들이 연간 1인 평균 약 40엔을 송금한 셈이다. 1인 평균 약 40엔이라고 하면 미숙련노동자의 2개월분에 해당하는 임금이다. 일본에서 이 정도의 금액을 송금하는 것이 얼마나 그들의 생활을 압박하고 그들을 빈곤 상태로 내몰았는지는 새삼 언급할 필요도 없을 것이다. 출가노동자 전원이 고향에 송금하고 있던 것은 아니지만 송금자의 비율은 매우 높았다. 기록을 좀 더 살펴보자.

> 토공 100인, 직공 30인, 일용노동자 20인의 수입을 조사했을 때 송금도 저금도 하지 않는다는 자는 토공 22인, 직공 4인, 일용노동자 13인에 그쳤다. 즉 토공 78%, 직공 86%, 심지어 일용노동자조차 30%는 저금 혹은 송금하고 있는 셈이다. 이를 전체적으로 파악하면 무려 74%의 저금 혹은 송금자가 있다는 셈이다(「제주도인의 일본 출가에 대해」)

재일조선인 노동자는 임금이 낮았을 뿐만 아니라 본국의 부모, 아내, 자녀들에게 송금해야만 하는 이중의 부담을 지고 있어서 더 더욱 빈곤 상태에 빠질 수밖에 없었다. 극빈한 고향, 그 마을의 부모, 형제, 아이들을 두고 일본에 건너와야만 했던 제주도 사람들. 그 사람들은 일본에서의 억압과 차별과 생활고에 시달리면서도 이카이노에 정착하여 이방인의 마을을 만들어냈다.

풍속과 관습이
뚜렷이 남은 일상

일상의 삶

이카이노 지역에 조선인 마을이 형성됨에 따라 이 지역에 조선의 풍속과 관습이 들어오고 조선식 생활 형태를 볼 수 있게 되었다. 일본인이 보기엔 이질적 문화이지만 조선인의 생활양식은 오랜 세월 조선의 풍토에서 만들어진 것이며, 사람들이 일본에 건너오면서 거의 그대로 갖고 들어왔다. 그 색채가 가장 짙게 반영된 것이 여성의복이었다. 일본에 와서 남성은 양복을 입게 되었지만 여성 대부분은 치마저고리 차림이었다.

> "공장에 갈 때도 치마저고리 차림이었어요. 일본의 기모노는 예쁘지도 않고 일할 때 불편해서 조선인 여성이 기모노를 입는 사람은 없었던 것 같아요."

김군세金君世 씨의 말인데 이와 유사한 내용이 〈보고〉에서도 확인된다. 생활양식의 변화에서는 조선인 남성이 여성보다도 빨리 일본에 녹아든 듯하다.

마을의 사진관 쇼윈도에도 강렬한 색채의 조선 의복을 입은 사진이 보인다.

조선인 부녀자는 일본의 부인 복장에 대해서는 근본적으로 동화되지 못하고 조선 고유의 복장을 즐겨 착용하고 있다. 이는 일본의 부인 복장이 너무나 개방적이기 때문인 듯하며, 엄격히 말하면 종래의 일본인 부인 복장은 어떤 경우에는 조선 여성의 복장보다도 오히려 실제적이지는 않은 것 같다.(『조선인 노동자문제』 1924년)

일본에 건너온 조선인이 가장 곤혹스러웠던 것 중 하나는 언어 문제였다. 일본의 식민지 지배하에서 학교 교육이 일본어로 이뤄지긴 했지만, 학교에 갈 수 있는 사람들이 적었던 당시 상황에서 대부분의 조선인들은 일본어를 배우지 못했다. 도일 당시의 언어 문제에 대해 고범서 씨는 이렇게 말한다.

> "본국에서 일본으로 건너왔을 때 일본어를 전혀 할 수 없어서 힘들었습니다. 고향에서 한자를 배웠기 때문에 지면에 한자를 써서 물어보곤 했는데, 많이 불편했지요."

그나마 한자를 알고 있는 사람은 어떻게든 생활이 가능했지만 한자를 모르는 사람들도 많아서 많이 힘들었다고 한다.

> "처음엔 열심히 말을 배우려고 엄청 노력했어요. 유리공장의 잡부로 일했는데, 옆에서 말을 걸어도 그게 무슨 말인지 몰라서 우물쭈물하니까 '이 멍청이!'라며 머리를 얻어맞는 일이 허다했습니다."(이철종 씨)

당시 도일한 사람들 중에 일본어를 아는 사람들은 어느 정도였을까? 일본어 이해도에 대한 조사를 각 기관이 실시했는데 1923년에 오사카부가 관할 거주 조선인 1만 8,191명에게 조사한 결과에 따르면 〈표 9〉와 같다.

당시 재오사카 조선인의 54.1%가 일본어를 전혀 이해 못하는 사람들이었다. 특히 일본어 이해도는 여성 쪽이 더 낮아서, 전혀

표9. 재오사카 조선인 일본어 이해도 조사

분류	남	여	계
일본어를 이해하는 자	2,655명	161명	2,826명
조금 이해하는 자	5,009명	513명	5,522명
전혀 이해 못하는 자	7,548명	2,295명	9,843명

이해 못하는 여성이 77.1%에 달했다. 하지만 시대가 흘러 1932년 무렵이 되자 상황이 많이 바뀌었다.

1935년 제주도에서 지지학을 연구하기 위해 섬에 체류했던 마스다 이치지는 제주도의 일본어 보급에 대해 다음과 같이 기술하고 있다.

> 가나가와현의 면적에 필적할 만한 큰 섬이지만 일본인이 적은 지역에 일본어가 잘 보급되어 있다. 육지부에서는 보통학교 교육을 받은 청년은 차치하고 그렇지 않은 사람이 일본어를 말하는 경우는 매우 적다. 그런데 본섬에서는 어느 산촌 벽지에서도 일본어를 이해하고 구사하는 것이 일본인과 구별하기 힘든 이가 있을 정도이며, 청장년 남자는 물론 교양 없는 어르신이나 부녀자도 일본어를 잘 이해한다. 일본어의 보급이 이루어진 곳이 아니어서 일본 출가에 의한 영향이라고 추측할 수 있다.(「제주도인의 일본 출가」, 『오쓰카지리학회 논문집』 제5집)

제주도 본섬 사람들의 일본어 수준이 이렇다면 1935년 당시 제주도에서 일본에 이주한 사람들 대부분은 일본어를 이해하고 말할 수 있는 상태였을 것이다. 어찌됐든 이국에서 생활하면서 그 나라의 말을 이해할 수 없는 불편함은 상상을 초월한다.

김군세 할머니는 일본어를 이해할 수 없어서 상점에 물건을 사러 가면 '쉭! 쉭!' 소리와 함께 개 내쫓듯이 쫓겨났던 당시 상황을 말하면서 속상해했다. 그렇게 차별의 감정은 민중 단계에서 행정 당국까지 퍼져 있었는데, 특히 경찰관들이 노골적이었다고 한다.

> "조선인이 밤 11시 넘어서 길을 걷고 있으면 반드시 순사에게 검문을 당했는데 우물쭈물하면 '어이 이쪽으로 와'라며 파출소로 끌려가서 철저히 조사받았어요. 조선인이면 수상쩍다며 처음부터 의심했으니까 큰일 난 거지요."(김희조 씨)

당시 관리들의 조선인에 대한 대응이 어떠했는지는 김희조 씨뿐만 아니라 이카이노에 살던 어르신들이 이구동성으로 전해주었다. 사람들이 모여들고 거주지가 형성되면 하숙과 함바 주변에 술집과 식당들이 들어서기 마련이다. 이카이노에도 조선풍의 음식점 등이 문을 열었는데 이는 1920년대 후반 무렵부터였다고 한다. 히라노강의 개수 공사로 조선인 토공들이 이카이노에 들어왔던 당시의 이야기를 들어보자.

"1920년대 초반에는 아직 조선시장에도 조선인을 상대하는 잔술집이 없었고 술을 마시려는 사람은 선술집에서 술을 사서 마셨습니다. 다마쓰쿠리에 도미자와 주점이라는 술집이 있어서 거기서 조선인 노동자들이 선 채로 술을 마셨습니다."(김희조 씨)

그러다가 1920년대 후반이 되면 개장국(보신탕)을 파는 가게도 문을 열었다.

"조선시장 주변에 술집이 있었습니다. 옛날 함바집 느낌이었죠. 흙바닥에 초라하기 짝이 없는 나무 테이블이라고 해야 하나 선반 같은 것에 나무 의자, 고작 귤상자 등이 있는 초라한 술집이었는데 그곳에서 개장국을 팔았습니다. 아무리 개고기라 해도 그건 그것대로 대주는 사람이 있어야 장사할 수 있지요. 어디선가 개를 잡아와서 요리했던 것 같아요. 개장국에는 식용이 되는 개만 사용하니까 잡아 오는 것도 힘들지 않았을까요."(김한봉 씨)

혼례

민족적인 색채를 일상생활 속에서 가장 선명하게 보여주는 것은 관혼상제일 것이다. 관혼상제 중에서도 사람들의 삶에서 반드시 치르게 되는 것이 결혼과 장례이다.

먼저 결혼에 대해 보자면 1910년대에서 1930년대 초까지는 이카이노의 조선인 사회에서 결혼식은 볼 수 없었다고 한다. 여기에는 이유가 있는데 김희조 씨는 당시를 이렇게 회상한다.

> "이카이노의 주민들이었던 제주도 출신들은 1930년대 초까지 이 지역에서 결혼하는 일은 거의 없고 독신으로 일본에 건너와서 일하다가 결혼하기 위해 다시 귀국해서 그곳에서 신부를 데리고 오는 경우가 일반적이었습니다. 결혼하려고 해도 일본에는 상대가 없었던 거지요."

그러나 다른 어르신들은 일본 내 다른 지역과 달리 이카이노에서는 조선인 결혼식이 있었다고 한다.

조선식 결혼식

"이카이노는 비교적 젊은 남녀들이 일하러 와 있었기 때문에 이곳에 사는 조선인들끼리 결혼하는 경우가 일반적이었습니다. 물론 제주도 고향에 가서 신부를 데려오는 사람도 있었지만 그런 경우는 적었습니다. 히가시나리·니시나리구의 제주도 출신 사람들은 대부분 이 지역에서 결혼할 수 있게 남녀 성비가 구성되어 있었던 것 같습니다."(윤종철 씨)

사실 당시 통계를 보면 남녀 비율이 1924년에는 5대 1이었지만, 1935년에는 1.5대 1로 격차가 줄어들었다. 이는 오사카에 있는 조선인들의 생활이 출가 형태에서 정주 생활형으로 변화한 데 따른다. 정주형 생활로 변화함에 따라 결혼식도 이카이노 마을 곳곳에서 볼 수 있게 되었다. 당시 결혼식의 형태가 어땠는지 궁금해 어르신들에게 물어보았다.

"결혼식은 조선식으로 사모관대를 쓰고 옛날식으로 치렀어요. 이카이노의 청년회관 등을 빌려서 성대하게 하는 사람도 있었지만, 셋집이긴 해도 자기 집을 가질 수 있게 되면서 집에서 하는 사람들이 늘어났어요."(강원범 씨)

청년들 사이에서는 간결하게 신식 결혼식을 올리려는 움직임도 있었던 모양이지만 이국땅에 사는 사람들은 오히려 고향에서처럼 하려는 마음이 강해서 신식 결혼식은 좀처럼 뿌리내리지 못했다고 한다. 결혼식은 이카이노의 주민들이 왁자지껄한 잔치 분위기 속에서 동포라는 연대의식을 느끼게 하고 축제 분위기를 내는 데 딱 맞는 행사였다.

그러나 인간 생활에서 반드시 맞닥뜨리게 되고 피할 수 없는 죽음과 그 죽음의 의식을 치르는 장례는 수많은 혼란을 낳았다.

장례와
운구

　조선은 유교 국가로 형식을 엄격히 지키는 것을 강조한다. 그중에서 죽음을 추모하는 의식은 사람들의 행동을 강하게 속박했다. 조선의 장례는 일본과 달리 매장을 주로 한다. 육지부에서는 화장도 하고 있었지만 제주도에서는 매장이 엄격히 지켜졌다.

　이카이노에 사는 사람들도 부모 형제가 사망하면 조선식으로 매장하려고 했지만 매장할 장소가 없다 보니 장례를 어떻게 치러야 할지를 두고 큰 혼란을 겪었다. 그러다 생각해낸 것이 시신을 제주도에 보내는 방법이었다. 강원범 씨는 "지금은 상상도 할 수 없겠지만"이라며 말을 이어갔다.

　　"1920년대 초중반쯤, 시신을 관에 넣은 후 다시 포장해서 배에 실어 제주도로 보냈습니다. 제주도는 옛날부터 매장 풍습이 있어서 화장을 싫어했으니까요. 경상도나 전라도 출신 사람들은 시신을 그대로 고향에 보내는 일이 없었던 것 같은데, 제주도 출신들은 그렇게 하는 사람들이 많았어요. 그럴려면 배를 빌려야 하는데 이게 보통 힘든 일이 아니었습니다."

이러한 방법은 오래 이어지기 어려웠다. 우선 금전적 문제가 컸다. 배를 빌려서 제주도에 시신을 보내려고 하면 막대한 금전이 필요했다. 가난했던 이카이노 주민들이 그러한 금전을 준비하는 것은 힘든 일이었다.

이카이노의 조선인 사회에서 아직 사망자가 드물었던 때는 그것도 가능했다. 조선 동포들의 상호부조 분위기가 있었기 때문이다.

"하숙집에 살고 있던 동포가 죽으면 하숙집 주인이 같이 하숙했던 동포들로부터 조의금으로 50전이나 1엔씩 모으고 다른 하숙집 주인들에게도 부탁해 돈을 모아서 죽은 사람의 고향에 보내는 일이 몇 번 있었습니다."(윤철종 씨)

조선식 장의

1920년대 초중반의 장례 상황이다. 이러한 행위는 사람들이 많아지고 사망자가 늘면서 불가능해진다. 하지만 1930년대 중반에도 제주도 출신자는 사망자를 매장하기 위해 고향에 보내고 있었던 듯하나. 그산의 상황을 『민중시보』는 이렇게 기록하고 있다.

토지 가격이 비싼 일본에서 매장하는 것은 경제적으로도 힘들지만 그렇다고 해서 고국에 매장하기 위해 시신을 보내는 일이 어느 섬의 출신에게는 문제가 되지 않는다. 그 섬의 출신은 화낼지도 모르지만 눈을 똑바로 뜨고 지금은 노동자로서 지방성과 향수병을 내던져야 한다. 노동자에게는 일하는 곳이 고향이며, 태어난 장소가 반드시 고향은 아니다. 매장 때문에 고향에 가기 위해 일을 그만두었다가 다시 일본에 돌아왔을 때 일이 없어 후회하는 사람들이 얼마나 많은가.
가난한 노동자가 자유로이 도항하기가 더욱 힘든 지금, 번잡스럽고 돈이 많이 드는 매장 풍습에서 해방되지 않으면 한 사람의 시신 때문에 여러 사람이 기아선상에서 위협받게 된다. 매장에서 해방되자. 화장을 실행하자.(1935년 7월 15일자)

매장의 불합리성을 호소하는 조선인 식자층의 노력과 함께 행정당국도 시신 운송을 금지했으며 나아가 경찰은 시신을 보내는 행위를 금지했다. 하지만 경찰로부터 금지당한 후에도 시신을 보내려는 사람들이 속출했는데, 그들이 경찰에 검거되어 처벌받는 사건이 터진 후에야 비로소 이카이노 주민들도 일본의 화장 방식으로 장례를 치르게 되었다. 다만 장례 방식은 조선의 방식을 그대로 따랐다. 당시 이카이노의 장례에 대해 윤종철 씨는 다음과 같이 말했다.

"장례식은 본국에서 하는 것처럼 조선의 유교적인 방식으로 치러졌어요. 시신을 화장터에 가져가야 했는데, 이때 깃발을 선두에 세우고 그 뒤로 수십 명이 행렬을 지어서 시신을 메고 화장터까지 갔습니다. 그런 방식으로 1935년 무렵까지 했던 것 같아요. 조선인 장례식이라고 일본인이 신기해하면서 구경하기도 했는데 점차 그런 장례식이 사라지고 일본식으로 자동차로 화장터까지 시신을 운반하게 되었지요. 화장 후에 재가 된 것을 고향에 보내면 그것으로 고향에서 다시 장례를 치르는 것이 일반적이었습니다. 결국 일본에서 장례를 치르더라도 그건 임시로 한 것이고 본국에서 본식으로 치렀던 겁니다."

조선식의 관혼상제는 이국의 풍토와 관습 속에서 어쩔 수 없이 개량되면서도 끈질기게 계승되어 오늘날까지도 이카이노에서 이어지고 있다.

여가와 오락

이카이노의 거리를 돌아다니면서 어르신들에게 이야기를 듣고 있자니 문득 장시간 노동, 저임금, 혹독한 차별 속에서 이 사람들은 무슨 낙이 있었을까 궁금했다. "휴일에는 무엇을 하며 보냈습니까?"라고 질문하자, "글쎄, 뭐했지?" "빨래하고 친구들과 수다 떨고" 등 제각각의 대답이 나왔다. 김한봉 씨는 주로 하숙집에서 빈둥거렸다고 했다.

> "휴일이라고 해도 딱히 뭐 할 것도 없다 보니 하숙집에서 온종일 자는 일이 많았어요. 그러다 하숙집에서 재미 삼아 도박도 했습니다. 화투로 하는데 좋은 화투는 살 수 없으니까 직접 만드는 거예요. 그렇게 해서 '오이쵸카부(손에 쥔 패와 새로 젖힌 패를 합한 끗수가 9 또는 9에 가까운 쪽이 이김)' 같은 것을 했습니다."

김해용 씨는 가난해서 아무것도 할 수 없었다고 했다.

"휴일이라고 해도 돈이 없으니 집에서 빈둥대거나 여름이면 근처 강에서 고기를 잡으면서 시간을 보냈어요. 월급을 받아도 하숙비나 임대료를 내고 나면 남은 돈으로 겨우 먹고살 정도였으니까 번화가에 나가거나 활동사진을 보러 갈 여유는 없었어요."

그런데 영화나 극장에 가는 사람도 많았던 것 같다. 다음은 정만정 씨가 들려준 이야기이다.

"휴일에 나는 노래를 들으러 갔어요. 덴노지의 신세계에 아시베 극장이라는 곳이 있었는데, 그곳에 조선인 예능인이 출연하고 있어서 그 사람 노래를 들으러 갔습니다. 아마 그 사람 이름이 이성문인가 그랬던 것 같아요. 조선 노래도 불렀지만 일본의 야스기후시(일본 시마네현 야스기시의 민요)를 아주 잘 불렀습니다. 이 사람은 노래를 부르기 전에 무대에서 대사를 합니다. 그 대사가 듣고 싶어서 입장료가 10전인데 하숙집에서 걸어서 1시간 걸리는 아시베 극장까지 찾아간 겁니다.

그가 단숨에 읊는 대사는 '조센진, 조센진이라며 무시하지마. 우리도 고향에 돌아가면 부모님의 훌륭한 아들이다'라는 내용이었는데 그 기백과 위세에 완전히 반해버렸습니다. 대사 후엔 멋진 목소리로 야스기후시를 불렀습니다.

관객은 일본인이 많았지만 이성문의 대사에 크게 반발하거나 반감의 목소리를 내는 일은 없었습니다. 기백이 만점이었고 그 기세에 눌려서 완전히 압도되어 버린 것도 있고 그 후에 부르는 야스기후시가 훌륭했기 때문에 뭐라고 불평할 수 없었던 거 아닐까요?"

이국땅에 있었기에 고향의 노래, 동포의 노래에 감동했을 것이다. 조선에서 많은 예능인들이 오사카에도 찾아왔다. 그들의 노래와 춤은 이카이노의 주민들에게 큰 즐거움을 안겨 주었으며, 특히 '조선의 무희'로 불리던 최승희가 오사카에 왔을 때는 이카이노에서도 많은 사람들이 극장에 몰려들었다. 1934년 10월의 일이다. 당시 최승희의 춤을 보러 갔던 강병철 씨는 그날을 생생히 기억했다.

"이카이노에도 극장이 여럿 있어서 동포들도 많이 구경 가곤 했어요. 쓰루하시 극장, 쇼와 극장, 쇼와키네마 극장이 있었고, 미유키텐진에도 있었고, 이마자토 극장도 있었어요. 노래와 춤이 뛰어난 조선의 예능인들이 찾아와 공연했는데, 그중 가장 기억에 남는 것은 최승희의 공연이었어요.

해외를 돌아다닌 후에 일본에 와서 오사카 공연을 했을 때인데 오사카에 사는 조선인들이 많이 보러 갔습니다. '동양의 무희, 오사카에 오다!'라고 해서 모두가 흥분을 감추지 못하고 구경 갔었지요."

동포를 노린
융화회

이카이노의 주민들이 늘어감에 따라 그들에게도 일본의 선거권
이 생겼고 그 선거의 한 표를 노리고 각종 융화단체가 발족했다.

재일조선인을 일본에 동화시킴으로써 조선인 치안대책을 용이
하게 하려는 목적으로 민관 합동의 융화 및 동화 단체가 일찌감
치 만들어지고 오사카부에서는 1921년에 오사카부청 내에 '내선
융화회內鮮融和會', 조선인 측 융화단체로 '상애회相愛會' '내선동애회
內鮮同愛會' '협진회協進會' '오사카영신회大阪榮信會' 등 수많은 단체가
만들어졌다. 이 단체들은 친목상조를 주장하며 치안 당국과는 밀
접한 관계를 맺고, 대부분 치안 당국의 협력단체, 말하자면 '앞잡
이' 역할을 수행하고 있었다. 많은 융화단체 간부들에 대해 강원
범 씨는 이렇게 말했다.

　"하숙집에서 휴일에 노동자가 재미 삼아 화투를 하고 있으
면 그런 사람을 노리고 깡패(도박꾼)가 찾아오곤 했습니다.
깡패가 합류하면 소규모의 '도박장'이 만들어집니다. 그러면

풍속과 관습이 뚜렷이 남은 일상

서 깡패는 점점 자신의 도박장을 만들어 가는데 그런 무리가
후일 '융화단체'를 만들어 친일 융화를 돈벌이 수단으로 삼
았던 겁니다."

선거가 돈이 되는 것을 안 깡패가 수많은 융화단체를 만들어 이
카이노에서도 활동하고 있었다. 그런 융화단체의 '대회'를 현장
취재한 내용이 『민중시보』에 게재되었다.

재오사카 조선인단체 각종 회합 방청기

송도(서울, 수도를 말함) 말기에는 불가사리(곰, 코끼리, 소, 호
랑이가 섞인 형태를 하고 철을 먹고 액운을 물리치는 조선의 상상
속 동물)가 명물('송도 말기의 불가사리'란 극도로 상대를 무시할
때 사용하는 단어)인데, 현재 오사카에서는 선거운동 브로커
들이 융화업을 간판으로 내건 조선인 단체가 명물이다. 그런
단체가 오사카 전체에 무려 300여 개나 존재한다. 이름난 우
두머리가 되면 선거에 입후보하려는 야심 찬 신사들이 고문
으로 이름을 올렸다. 그들은 평시에는 아무 일도 하지 않고
가짜 간판만 걸어두고 있다가 형사사건이 발생하면 얼굴을
내민다. 동포 가운데 뭔가 경찰과 얽히는 사람이 나오면 자
신들 단체의 고문이나 경찰에 줄이 닿은 사람에게 청탁해서
경찰에 연행된 사람들의 '신병 인수인'으로 일을 처리해주고

그 대가로 사례금을 거둬들인다. 도박꾼이나 그날그날 먹고 사는 건달, 심지어는 사기꾼마저도 융화단체라는 간판을 내걸고 같잖은 거드름을 피우며 돌아다닌다.

일본인의 시선에서 보면 이런 무리가 조선인을 대표하는 것처럼 보이고, 선량한 조선인의 시선에서 보면 이것이 당국자의 '융화방침 대표자'처럼 보여서 원래는 그렇지 않았던 것이 그렇게 굳어지게 된 듯하다.

어쨌든 신병 인수인의 우두머리는 선거기간이 되면 '돈벌이는 이때다'라고 보아서, 많은 인명을 기재한 선거 입후보자 추천장을 배포하고 신병 인수인에게 '은혜' 입은 '회원'은 자신이 추천하는 입후보자에게 투표하게 한다. 이렇게 해서 1927년부터 일본에서 보통선거가 실시된 후 조선인단체 조폭이 선거 시에 횡행하게 되었다. 보통선거를 가장 교묘하게 이용한 무리는 누구보다도 이런 종류의 인간이다. 올해 9월에는 오사카부 의회 의원 선거가 있고, 내년 4월에는 총선이 있어서 이런 종류의 조폭들이 세력을 과시하고 활동하며 돈벌이를 하는 때가 도래했다.

최근 그들은 각지에서 앞다퉈 각종 대회 혹은 총회를 개최하여 사람을 모집하고 때로는 연회를 여는 등의 화려한 행사를 벌이고 있다. 그러나 모든 단체가 그렇다고 말하기는 힘들다. 백문이불여일견이므로 선입견을 버리고 실제로 그런 종류의 대회를 방청하고 그곳에서 보고 들은 것을 『민중시보』

의 지면을 빌어서 하나하나 소개해보기로 했다.

6월 24일, 계속 내리던 비도 그친 오후 6시 10분. 붉은 석양이 서쪽 하늘을 물들이던 때에 덴로쿠 교차로를 건너 기타시 민회관 행사장에 도착했다. 이곳이 '소라친우회韶羅親友會' 제8회 정기총회장이다. 입장이 무료여서 가벼운 마음으로 들어갔다. "와! 많이들 모였네."라는 소리가 여기저기서 들렸다. 늘 시간이 늦어지는 조선인 집회답게 정시를 30분 넘긴 7시에 행사장이 가득 차자 주최 측의 최윤명 씨가 개회선언을 하였다. 개회사가 끝난 후 임시의장과 서기 2명이 선출되었는데, 행사장이 소란스러워지면서 마지막 열에 있던 내 자리까지 잘 들리지 않는 상황이었다.

순서에 따라 경과보고에 들어가자 금테안경에 연미복 차림을 한 40세가량의 남자가 등장하여 사람들에게 유창한 일본어로 인사했다. 처음엔 일본인 축사인가 생각했는데, "지금부터 경과보고를 시작하겠습니다."라는 말을 듣고 이 남자가 박춘기 회장인 것을 알았다.

청중의 대부분은 보고를 듣지도 않고 멍하니 앉아 있고 회장의 금테안경만 전등 불빛에 반사되어 번쩍번쩍 빛나고 있었다. 그런 상황에서 청중은 경과 보고에 관심도 없이 앉아 있고 의사 진행은 아무런 방해 없이 진행되어 다시 한번 회장으로 박춘기가 선출되었다. 기타 안건은 덴로쿠 지부를 새롭게 설치하려는 것뿐이어서 이 역시 아무런 이의 없이 가결되

오사카의 제주인마을, 이카이노 이야기

었다.

내빈 축사로 넘어가서 먼저 대의사代議士인 우에다 고기치上田孝吉가 무대에 올라가 일본어로 축사를 하고 회장 박춘기가 통역하자, 행사장 여기저기서 청중들이 웅성거렸다.

"경과 보고는 일본어로 하고, 일본인 내빈 축사는 통역하는 이런 이상한 짓은 이 사람이 아니면 못하지."

"아무리 그래도 그렇지, 일본어는 그렇게 잘하면서 국어는 왜 그렇게 못하는 거야."

"일본어 경과 보고는 관헌에 대한 보고이고, 축사 통역은 조선인이면서 일본어를 모르는 청중을 위해서 하는 거지."

그런 가운데 통역을 이어가던 박 회장은 땀을 흘리는 대의사 선생을 위해 부채로 부채질을 해주었다. 그런 회장을 보면서 청중은 탄식했다.

"먼 이국에 있으면서 부모에게도 할 수 없는 동온하정東溫夏淸의 효심 행위를 이런 곳에서 볼 수 있다니."

"아니 그것도 그거지만 뭐 이런 경과 보고가 다 있어. 일본 어는 청중의 절반도 이해할 수 없는데."

"단체가 1년에 한 번 하는 정기총회라고 하면서 대중의 생활문제는 전혀 의제로 삼지 않고 간부들 인물 자랑만 하다니 뭐 이런 총회가 다 있어?"

"뭐, 저놈들 하는 짓이 원래 그렇지."

평가를 이어가는 청중들과 이러한 '잡음'을 중지시키려는 회원 사이에 실랑이가 벌어졌다. 그러다 갑자기 생각난 듯한 박수가 터져 나오고 땀을 줄줄 흘리면서 코를 골며 자던 사람이 그 소리에 놀라서 눈을 뜨는 등 마치 한 편의 코미디를 보는 듯했다.

회원들의 소감을 물어보고 싶었다. '아무튼 만년회장 박춘기 씨, 대단해!'일까?

총회가 끝나고 숙소로 돌아오자 다다미 위에서도 빈대들이 대회를 열고 잠든 사람들의 피를 배불리 빨고 있었다.(1935년 7월 15일 자)

김치 냄새
풍기는 시장

이카이노의 '얼굴',
조선시장

이카이노에는 미유키모리도리 상가, 통칭 '조선시장(1993년부터 '코리아타운'으로 바뀜)'이라고 불리는 상가가 있다. 20년쯤 전, 조선시장을 처음 방문했을 때의 놀라움이란……. 일본에 이렇게 조선의 물건들을 파는 상점이 늘어선 장소가 있을 거라고는 상상조차 하지 못했기에 지금도 이카이노 조선시장을 돌아다니면 그때 받았던 충격이 선명하게 되살아난다.

처음 조선시장을 방문했을 때, 진열된 상품 중에 조선시대 풍의 혼례 의상을 보고 '이것이 조선의 혼례 의상인가?' 하고 신기해하며 뭐라 형용할 수 없는 향수를 느끼곤 했다. 식료품 가게에는 말린 명태가 진열되어 있고 온갖 김치 냄새가 바람에 실려 풍겨왔다. 대체로 조선의 의류, 식료, 식기 등이며 없는 게 없는 것처럼 느껴졌다. 상점에는 재일조선인 1세 어머니들이 가게를 보거나 바쁘게 물건을 나르고 손님을 응대하느라 부지런히 움직였다.

지금 조선시장을 방문해도 풍경은 당시와 다름없어 보인다. 그러나 주의 깊게 관찰하면 20년이라는 세월의 흐름이 초래한 다양한 변화를 느낄 수 있다. 상점의 진열대가 밝은색의 디자인으로

오사카의 제주인마을, 이카이노 이야기

미유키모리도리 상가, 통칭 조선시장

김치 냄새 풍기는 시장

조선시장의 가게

오사카의 제주인마을, 이카이노 이야기

바뀌고 신선식품을 취급하는 상점에는 번쩍거리는 대형 냉동고가 들어와 있는 등 동네 전체가 밝고 현대적인 모습으로 바뀌면서 사람 냄새가 강렬하게 풍기던 옛날의 활기는 사라졌다.

그런 변화도 변화지만 무엇보다도 달라진 것은 가게에 나와 있는 점원과 점주이다. 20년 전에 가게의 제일선에 나와 있던 어머니들은 이제 나이를 먹어 가게 안쪽에서 손자들을 돌보고, 대신 젊은 사람들과 그 부모들인 2세, 3세들이 가게 앞에서 바쁘게 일하고 있다. 세대교체의 여파가 조선시장에도 밀려온 것이다.

조선시장은 지금도 활기에 차 있다. 많은 사람이 생활용품을 사러 오는데, 이카이노 주변의 조선인만이 아니라 멀리 교토부와 와카야마현에서 오는 사람들도 많다. 게다가 점점 일본인 손님도 늘고 있다. 조선시장은 이카이노의 '얼굴'이며 상징으로 자리 잡았다. 조선시장에서 일하는 2세들에게 물어 보았다.

"이 시장은 언제쯤부터 있었습니까?"

"글쎄요, 확실치는 않지만 1920년대 후반 무렵이었던 것으로 들었습니다."

많은 사람이 1920년대 후반부터 조선시장이 있었다고 한다. 정말 이 무렵부터 조선시장이 있었을까? 그 시장은 어떻게 만들어진 걸까?

이카이노 주변에 정착하게 된 조선인들에게는 당연히 일상용품들이 필요했고, 이러한 것들을 일본인 상점에서 살 수밖에 없었다. 그러나 일본인 상점은 이 이방인들을 손님으로 친절하게 대하지 않았다.

강원범 씨는 당시 일상 필수품을 구입했던 경험을 들려주었다.

"이카이노 주변의 일본인 시장 등에 물건을 사러 가면 '조센진에게 팔 물건은 없어. 꺼져!'라는 말을 들었습니다. 돈을 내고 '저거 주세요'라며 비싼 생선, 예를 들어 돔 같은 것을 가리키면 '저건 너희들이 먹는 게 아냐. 돌아가!'라며 무시하고 바로 '조센 저리 꺼져'라며 쫓아냈습니다."

이는 강원범 씨만 겪은 일이 아니었다. 정만정 씨도, 김희조 씨도 같은 경험을 했다고 한다. 특히 일상 식료품 등을 사러 나갔던 부인들이 안 좋은 일을 당했다. 다음은 정만정 씨의 경험담이다.

"조선시장이 아직 없었던 1920년대 후반이었는데, '일본인이 조센진에게 팔 물건은 없어, 조센은 꺼져!'라며 무시해도 아무런 대꾸를 할 수 없는 상황이었습니다. 특히 부인들은 일본어를 알 수 없었기 때문에 일본인 상인들로부터 더러운 욕을 먹고 쫓겨나기 일쑤였습니다."

상점에서 물건을 팔아주지 않으면 스스로 어떻게든 해야만 했다.

"기존 시장에서 물건을 살 수 없는 조선인들의 불편과 간단히 본인들이 필요한 물건을 구입하려는 욕구에서 생겨난 것이 조선시장입니다. 처음엔 들에서 꺾어온 미나리, 채소로 김치 등을 만들어서 노점상에서 조금씩 팔았어요. 그런데 길거리 장사는 경찰의 단속이 심해서 힘들었어요."(강원범 씨)

이처럼 조선시장은 일본인의 조선인 차별을 배경으로 생겨났다고 한다. 그러나 단지 그것만으로 조선시장이 탄생하지는 않았을 것이다. 그 외에 경제적, 생활적인 필연성에 의해 비로소 '시장'이 생겨났을 것이다. 그런 의문을 갖고 강원범 씨에게 물어보자 그건 그렇다며 당시 이카이노 주민인 조선인 생활에 대해 들려주었다.

"이카이노 지구에 조선인이 살게 되면서 자연스레 풍속과 관습이 따라 들어오게 되었습니다. 그건 당연합니다. 당시 일본에

거리의 전신주에는 세금 신고 상담을 홍보하는 입간판이 있다.

건너온 조선 여성은 대부분은 치마저고리 차림이었잖아요. 먹는 것도 처음 일본에 왔을 당시에는 일본인 하숙이나 숙소에서 단무지 정도 나왔는데 그거라도 먹을 수밖에 없었습니다만, 집을 빌리고 생활이 어느 정도 안정되면서 고향의 먹거리가 그리워졌습니다. 그래서 당연히 고향의 음식 재료를 구입하려는 생각이 들었겠지요. 이카이노 지역에 조선인들이 점차 많아지면서 단무지보다 김치를 찾게 되고 그 재료를 공급하는 상인들이 생겨난 겁니다.

하지만 당시 조선인들은 상점을 낼 정도로 부유하지 않았습니다. 아니 풍요로운 생활과는 거리가 먼, 극빈에 가까운 생활이었지요. 그래서 파는 방식도, 사는 방식도 그런 조선인의 생활을 반영해서 조성되었어요. 이를테면 아주머니들이 들에서 캐온 미나리, 고사리 같은 것을 멍석에 늘어놓고 조금씩 파는 정도였습니다. 조선시장은 그런 아주머니들의 빈약한 노점에서부터 시작된 겁니다."

특히 부인들이 '시장'의 주역이 된 배경에 대해서도 들을 수 있었다.

"아주머니들은 나이가 들면 공장에서 여공으로 고용해주지 않고 달리 일할 곳도 없으니까 산과 들에서 산나물을 뜯어다가 자기 집에서 먹고 있었는데, 많이 뜯게 되면 그것을 팔아서 조금이라도 생활에 도움이 되길 바랐던 겁니다. 당시에 이카이노에서 30분쯤 걸어 나가면 미나리 정도는 얼마든지 있었고, 다른 나물들도 쉽게 뜯을 수 있었습니다. 그러니까 팔더라도 웬만큼 싸게 팔지 않으면 사는 사람도 없었겠지요. 하지만 그렇게 싸게 팔더라도 아주머니들에게는 가난한 가계에 조금이나마 도움이 되었기 때문에 노점을 차려서 열심히 장사했던 게 아닐까요?"(강원범 씨)

이렇게 해서 노점 '시장'이 이카이노에 출현했고, 서로의 필요가 맞아떨어지면서 조금씩 규모가 커져갔다. 그리고 노점이 늘자 가게 자리를 둘러싼 쟁탈전도 생겨났다.

경찰 단속과의
경주

"노점을 차린다고 해도 사람이 없는 곳에 차리면 의미가 없으니까 사람들이 많이 다니는 좋은 장소를 확보하려고 했습니다. 처음엔 노점 장사를 하는 사람이 적어서 별문제가 없었습니다만, 점차 돈이 되는 걸 알고 노점을 차리는 사람이 늘어가자 자리다툼이 생겨났어요. 때로는 아주머니들이 서로 달려들어 싸우기도 했습니다."(김해룡 씨)

길거리에서 물건을 파는 행위는 당시에도 경찰의 허가가 있어야 했다. 이카이노에 아주머니들의 노점이 생겨나자 이에 따른 행정 관련 허가나 경찰과의 교섭이 필요해졌다. 하지만 아주머니들은 이에 대한 법률 지식도 없었고, 있었다고 해도 일본어를 제대로 할 수 없는 상황에서 경찰에 허가를 받으러 간다는 것은 생각조차 못했을 것이다. 그러다 보니 당연히 치안 당국의 단속대상이 되었다.

"노점을 낸 아주머니들에겐 경쟁 상대와의 자리다툼도 큰일이었지만, 그건 어떻게든 서로 합의해서 최종적으로는 해결할 수 있었어요. 그러나 경찰의 단속은 엄청난 일이었습니다. 경찰은 '교통에 방해가 된다', '비위생적이어서 전염병의 원인이 된다' 등의 이유로 노점을 단속하고 없애려고 했습니다. 그런데 그 방법이 너무 악랄했어요.

물건을 파는 아주머니들을 체포하려면 성가시고 손이 많이 가니까 대신 소화용 수도를 사용해서 노점의 물건들 위에 물을 뿌리는 겁니다. 노점이 처음 등장했을 때는 산나물 등이 주요 상품이었는데, 여러 가지 상품에 대한 수요가 있자 옷감이나 잡화를 파는 사람도 생겨났어요. 그런데 그런 물건들에 마구 물을 뿌려대니 참을 수 없었을 겁니다. 소중한 물건들이 물에 젖으면 팔 수 없게 되니까요. 그날그날 벌어 먹고 사는 영세한 노점상이 그런 일을 당하면 다시 물건을 구입할 자금도 없고 재기할 수 없을 정도의 타격을 받기도 합니다. 그래서 필사적으로 경관에게 달려드는 아주머니들도 많았습니다. 그렇게 경관의 행위를 멈추려고 막다가 결국 '공무집행방해'로 체포당하기도 했습니다.

저도 직접 목격한 적이 있는데, 경관이 명태 같은 건어물을 늘어놓은 노점에 물을 뿌려 물건들이 질퍽해지자, 아주머니가 '아이고, 아이고' 하면서 울며불며 달려들었다가 순경에게 맞아서 연행되었습니다. 경찰의 단속이 시작되면 시장은 아수라장이 되곤 했습니다." (강원범 씨)

김해용 씨도 비슷한 상황을 목격했다. 당시 지금의 미유키바시에 있던 파출소 순사가 양동이에 물을 퍼 와서 노점의 물건들 위에 물을 뿌렸다고 한다.

이런 단속에도 불구하고 아주머니들의 노점은 사라지지 않았다. 아주머니들에게 노점은 생사가 달린 것이었기에 잡초처럼 아무리 짓밟혀도 굴하지 않고 노점을 열었다. 또한 이카이노에는 이러한 아주머니들을 지탱하게 해주는 객관적인 여건이 조성되어 있었다. 바로 많은 동포들이 아주머니들의 물건을 필요로 한다는 점이었다.

이렇듯 노점에서 출발한 시장이 언제부터 일반 상점으로 변화해 갔을까?

> "1920년대 중반 무렵에는 이카이노든 다른 지역이든 조선인 시장이나 조선풍의 식료와 잡화를 파는 상가는 없었던 것 같아요. 지금의 조선시장 주변도 일반적인 나가야들이었던 것으로 기억합니다."(정만정 씨)

이처럼 현재의 미유키모리도리에는 조선시장이 없었다고 한다. 김해용 씨의 말도 다르지 않았다.

> "제가 현재 조선시장이 있는 곳의 뒤쪽에 정착했을 때는 지금 같은 상가는 없었습니다. 저 시장 거리도 당시에는 일본인 임

차인이 많았고 조선인은 손에 꼽을 정도였다고 생각합니다."

그렇다면 언제부터 일반 상점이 가게를 열게 된 것일까?

"현재의 미유키모리도리, 지금의 조선시장이죠. 그 뒤쪽에
조선인 시장이라고 해야 하나 상가라고 해야 하나 작은 노점
들 사이에 듬성듬성 가게가 있었고 그것이 점차 발전해 갔어
요."(김희조 씨)

처음에 상점이 생긴 것은 1920년대 후반, 그것도 지금의 미유키
모리도리가 아니라 그 뒤쪽이었다고 한다. 김한봉 씨도 비슷한 이
야기를 했다. 지금 같은 조선시장이 된 것은 종전 이후라고 한다.

"조선시장의 시작은 1920년대 후반에 지금 있는 시장 뒷골
목의 비좁고 복잡한 곳에 몇 개의 작은 가게가 생기면서입니
다. 지금 같은 큰길에 조선인이 가게를 차린다는 건 생각할
수 없었습니다. 특히 상가에 가게를 낼 정도의 자금력이 있
는 사람은 거의 없었습니다. 그러니까 당시 조선시장이라는
것은 현재의 장소가 아니라 뒤쪽의 작은 골목에 있던 가게들
을 말합니다. 큰 길이 지금처럼 대부분 조선인 가게가 된 것
은 전후의 일입니다.
하지만 뒷골목의 조선 건어물점 외에도 큰길의 가게 앞 빈터

등의 노점에서 건어물을 파는 조선 부인들도 많았고 그런 의미에서는 큰길도 포함해서 조선시장이라고 했던 게 아니었을까요.

종전 이전의 점포 주인들은 당연히 일본인이고 조선인은 일본인 주인에게 빌리는 경우가 일반적이었습니다. 이 주변 일대에는 대지주의 건물이나 부지가 많았어요. 그러다가 전후에 유산을 상속받고 처분하면서 점차 조선인 소유가 된 겁니다."

뒷골목에 있었던 이전의 조선시장은 여러 차례의 폐쇄 위기를 맞으면서 발전을 이어갔다.

첫째, 천재지변이다. 이 지역이 습지대였다는 사실은 앞서도 언급했지만, 큰비가 내릴 때마다 물이 넘쳐서 시장도 가게를 닫아야만 하는 상황이 매년 이어졌다고 한다.

> "조선시장이 있던 장소나 다른 조선인 거주지구 모두 해발 1~2미터의 저지대이니까 큰비가 내리면 바로 물이 넘치고 시장의 작은 점포는 물에 잠기게 됩니다. 당시에는 변소도 재래식이어서 물이 넘치면 오물이 둥둥 떠다니는 광경을 여기저기서 볼 수 있었습니다. 작은 가게들은 물에 잠겨 못 먹게 된 생선이나 건어물을 주워 와서는 물로 씻어서 아닌 척하고 팔기도 했습니다. 그걸 사 간 사람은 보기 좋게 당하는 겁니다."(김한봉 씨)

이런 상황이 이어지면서 상점에 대한 신뢰가 떨어지고 손님과

의 실랑이도 늘면서 시장의 신용도에 부정적인 영향을 미치기도
했지만, 조선 물건을 편리하게 사고팔 수 있다는 장점은 시장이
위기를 무사히 돌파하게 해주었다.

작고 빈약한 규모로 시작된 상점들은 이카이노 지역에 사는 사
람들의 탄탄한 수요에 힘입어 조금씩 수를 늘려갔고, 1935년 무
렵에는 수십 곳에 달하면서 그 수익이 상당해졌다. 조선시장이 자
연발생적으로 이렇게 발전하자 한편에서는 시장의 위생관리와 나
아가서는 시장의 지배를 노리고 지주 등의 주도하에 시장을 폐쇄
하려는 움직임이 생겨났다. 1935년 8월 1일자 『민중시보』는 그런
시장 폐쇄의 움직임에 대해 다음과 같이 보도했다.

「히가시오사카 조선인들의 유일한 조선시장 폐지설」

- 신 시장 건설은 사실인가
- 현 시장 폐지설은 전혀 무관

조선 사람들의 일상생활에 필요한 물품을 사고파는 오사카
시 히가시나리구 이카이노 나카 3정목 조선시장의 이전 문
제에 대해 동포사회에서도 이런저런 풍문이 돌고 있는데, 현
재의 조선시장을 폐쇄하고 이카이노 니시 4정목 기무라 토
지합명회사 소유지에 위생 설비와 기타 설비를 갖춘 그럴듯
한 시장을 건설하는 것을 계획 중이라고 한다.

그러나 조선시장은 히가시오사카에 거주하는 조선인 대부분

에게 일상 필수품을 공급해온 만큼 시장을 어떻게 할지는 몇 몇 사람의 개인적인 이해관계만으로 간단히 처리할 수 있는 문제가 아니다. 오사카 행정부도 위생 설비를 완벽하게 갖추고 소비자의 편의를 도모하는 시장을 건설할 수 없고, 더욱이 시장 상인들의 취업 문제도 해결이 쉽지 않다.

물론 소비자에게는 모든 설비가 완벽하고 상업 도덕이 지켜지는 시장이야말로 안심하고 물건을 살 수 있는 곳이고 이렇게 되는 것이 바람직하지만, 오사카에 거주하는 조선 사람들은 그날그날 겨우 연명하면서 많은 고통을 겪고 있어 소비자 자신이 적극적으로 새로운 시장의 건설 운동을 전개할 수 있는 상황도 아니다. 또한 당국에서도 이 문제에 관심이 없는데 시장 이전 문제가 풍문으로 흘러나와 현 시장 상인들의 불안감을 부채질하고 있다. 기자는 그간의 상황을 알기 위해 당국자에게 사정을 들어 보았다.

'현 시장 폐지 운운은 근거 없는 허위설'
- 쓰루하시 경찰서 보안계 모 씨와의 대담

현 시장 폐지 운운에 대해 여러 가지 소문이 도는데 그것은 전혀 근거 없는 소문이며, 신설한다는 시장에 대해서도 정식으로 신청 절차가 이루어지지 않아 전혀 알 수 없고, 다른 시장에 방해가 되지 않는 적정한 장소에 만들지 않으면 정식

절차를 밟더라도 허가가 나지 않을 수도 있다.

원래 현재의 조선시장은 정식으로 공인된 것이 아니어서 교통에 방해가 되기도 하고, 위생 설비도 갖추지 않아서 당국으로서는 어떻게든 폐쇄하려고 했지만, 풍속과 관습이 다르고 언어가 통하지 않기 때문에 달리 취업할 수도 없는 데다 밭에서 채소를 뜯어 와서 노점에서 그것을 팔아 생활하는 사람들에게서 현 시장을 뺏는 것은 그들의 생계 수단을 뺏는 것과 같다. 그래서 그들의 실업 대책 차원에서 묵인해왔으며, 만약 새로운 시장이 건설된다고 해도 현 시장의 강제 폐쇄는 생각해 봐야만 하는 문제이다. 현 시장 폐쇄설이 유포되고 있는 것은 계산이 빠른 상인들이 시장이 폐쇄되면 돈벌이를 하려고 흘린 것일 것이다.

'신 시장을 건설 준비 중'
- 처음엔 아파트식으로 사설시장 경영

사안이 사안인 만큼 본사에서는 신 시장에 대한 진위를 파악하기 위해 조사를 계속한 결과, 신 시장 건설은 구체적인 형태로 진행되고 있고 최근에 건설에 착수했다고 한다.

처음엔 아파트식으로 해서 상인들에게 집을 임대해서 집단으로 생활하도록 하고 그곳에서 사설시장 형태로 경영해서 일정 성과를 올린 후 인가 절차를 진행해서 허가를 받도록 계획하고 있다.

설비 개요는 다음과 같다.

△ 장소: 이카이노 니시 4정목 기무라 토지합명회사 소유지

△ 총 건평: 543평

△ 건축비: 22,562엔

△ 호수: 120호

△ 건설주: 井上輝衛, 동대리인 윤영옥

△ 찬성인: 장경태, 이부옥 외 103명

△ 건설자: 일본전화건물주식회사건축부

『민중시보』의 보도에 따르면 기존의 조선시장이 수익을 올리는 사실에 주목한 일본인 자본가가 조선인을 이용하여 그럴듯한 조선시장을 건설하려고 계획했다. 그러나 이 계획은 기존 조선시장 상인들의 강한 반대에 부딪혀 결국 현실화하지 못하고 계획만으로 끝났다.

명절 때면
북적거렸던 시장

조선시장은 이러한 폐쇄 움직임도 극복하고 점점 더 이카이노의 조선인들과 밀착 관계를 형성해 갔다. 1935년 당시 시장 풍경의 점묘가 『민중시보』에 게재되어 있다.

썰렁한 동포 상가의 세모 풍경 점묘

한해가 저물어가는 이때, 닥쳐오는 혹독한 추위와 새로운 해를 맞이하기 위한 준비로 분주하겠다는 생각을 하며 동포들의 일상이 반영된 시장을 방문해 보기로 했다.

오사카의 명물인 조선시장 중에 가장 크고 유명한 세 곳인 이카이노, 이마미야, 모리마치 시장을 찾았다. 다른 상가들은 낮에는 오색의 선명한 장식과 깃발이 줄지어 있고 밤엔 반짝반짝 빛나는 전등 아래 불야성을 이루는데, 우리 동포들의 시장은 가장 유명하다는 상가조차 연말 분위기도 없고 장식도 없이 썰렁했다(당시. 조선인 사회에서는 구정 명절을 쇠고 있었다).

'매년 확장해 가는 이카이노 시장'

이카이노 조선시장은 매년 확장하고 있고, 점포를 가진 상인도 40~50곳에 달하며, 여기에 노점에서 채소 종류를 파는 부인들을 합하면 오후 3시에는 200여 명의 사람들이 길가에 가게를 열어 각자 상품을 팔고 있는데, 지나는 사람들은 물론 물건을 파는 사람들도 움직이기조차 힘들 정도로 혼잡한 상태였다.

이런 곳에 꽤 큰 점포를 갖고 있는 어느 상인은 탐방 기자에게 다음과 같이 말했다.

"네, 여기는 언제나 이런 모습이고 특별히 연말이라고 해서 큰 변화는 없어요. 오히려 구정에는 엄청 나요. 하루에 600엔어치를 사 가는 손님도 있어요. 신정이나 구정이라고 해서 경품을 추가해서 파는 일은 없습니다. 어떤 가게는 단골에게 달력을 주는 곳도 있습니다만……."

'혼잡한 쓰루미바시 시장'

기자가 이마미야 시장의 어느 가게를 방문했던 시각은 오후 2시경이었다. 어느샌가 사람들이 모여들어 그 사이를 빠져나오는 것조차 힘들었다.

시장 상황을 물어보려고 찾은 상점주에게 말을 건넬 틈도 없을 정도로 손님들이 물건을 사러 몰려들었다. 이 시장도 이카이노 시장과 마찬가지로 손님이 구정에 비해서는 적지만 다른 날보다 조금 많은 정도라고 한다.

규모로 보자면 이카이노 시장보다도 작지만 오가는 사람은 거의 비슷한 정도로 많고 동포들이 요구하는 일상용품은 모두 갖추고 있다고 한다.

'썰렁해진 모리마치 시장'

모리마치 시장은 올봄, 동포 상인들이 만든 상업조합인 '조선물산알선장'이라는 이름을 내걸고 적극적으로 선전도 해가면서 비약적으로 발전하여 한때는 이카이노 시장을 압도한다는 목소리도 있었지만, 어떻게 된 건지 기자가 찾았을 때는 적막만이 감도는 분위기였다. 알선장 안에서 사람들이 뭔가 하는 소리가 들리긴 하는데 그뿐이다. 이상한 생각에 알선장 안의 사람에게 그 이유를 물었다.

"최근에는 당국의 단속이 심해져서 채소를 팔든 떡을 팔든 장사를 할 수 없게 되어서 사람들이 오지 않아요. 그래서 시장이 이렇게 한산한 겁니다. 좀 전에도 경찰관들이 와서 노점을 하는 사람들을 모두 쫓아내고 돌아갔습니다. 알선장의 상인들에게 직접적인 손해는 없다고는 하지만 사람들이 많이 오지 않으니 그 영향이 큽니다. 가난하지 않은 조선인은

오사카의 제주인마을, 이카이노 이야기

없으니까 당연히 온 가족이 모두 일하지 않으면 생활할 수 없습니다. 그런데 알선장에서는 점포 하나에서 온 가족이 일할 수 있는 상황은 안 되고, 그곳에서 일할 수 없는 가족도 어떻게든 일을 해야만 합니다. 그래서 노점에서 뭔가를 팔고 생활에 보태려고 하는데 당국의 단속이 심해서 금지당하면 시장에 영향을 주는 것뿐만 아니고 동포들 생활면에서도 살아갈 길을 빼앗는 거나 다를 바 없어요."

기자는 이 세 곳의 시장을 찾아 오랜만에 고국의 맛을 마음껏 맛보고 왔다.(『민중시보』1935년 12월 15일자)

조선시장은 예나 지금이나 재일동포들에게 조선의 맛을 즐기게 해주는, 이국 속 고향의 맛을 위한 장소로 존재해왔으며 지금까지 이어져 오고 있다.

별하늘을 바라보며
배우는 나날들

배움의 장소

이카이노의 거리를 걷다 보면 전신주에 붙은 다양한 전단 중에서 '우리말을 배우자'라는 전단이 눈에 들어온다. 조선 문자를 습득하려는 노력은 예나 지금이나 동네 주민들이 자신들의 정체성을 확인하는 상징으로 끊임없이 이어져 온 운동이다. 과거 조선이 아직 일본의 식민지 지배를 받고 있던 시기에 조선어와 조선 문자의 습득은 때로 경찰의 강한 탄압을 받았다.

이카이노에 다수의 재일조선인들이 정주하게 되면서 이 지역의 주민들에게 '교육'은 중요한 과제가 되었다.

교육은 우선 주민의 자녀들을 학교에 다니도록 하는 것에서부터 시작되었는데, 그렇다면 정확한 시기는 언제쯤이었까?

조선총독부 조사과의 조사보고서인 『한신·게이힌 지방의 조선인 노동자』(1924년 6월)에는 당시(1924년) 재오사카 조선인 2만 6,848명 중에 문맹자가 1만 4,383명이었다는 오사카부 경찰부의 조사 기록이 있으며, "한신 지방과 그 외 지역에 거주하는 조선인은 일반적으로 노동자이므로 교육 수준은 낮고 문맹자가 많다."는 내용이 있다.

이카이노에 가까운
국철 쓰루하시역 구내에
설치된 조선어강좌
홍보 패널

고향 마을에서 먹고 살기에 급급한 나날을 보내느라 학교에 다
닐 여유가 없었던 농민과 그 자녀들이니 당연히 문맹자가 절반이
넘었을 것이다. 과연 그 사람들은 문맹이라는 처지에 안주했을까?
그렇지 않다. 대부분의 사람들, 특히 젊은 사람들은 배울 기회를
열심히 찾고 있었다. 보고서에는 다음과 같은 내용이 나온다.

1923년 2월 간사이조선노진勞進 회장 김공해 씨가 오사카시
세이비제4진죠소학교 다카하시 교장을 방문해서 조선인 중
공부에 열심인 학생들이 많으니 부디 그들의 교육을 시작해
줄 것을 부탁했고, 조선인 교육에 충분한 이해와 동정심을 갖
고 있던 다카하시 교장은 이 사실을 학무위원회에 제안했다.

그 결과 학교의 야간부를 두 학급 늘려서 80명을 수용한다는 발

표에 146명의 조선인들이 순식간에 모여들었다. 하지만 수용인원 중 학령자는 불과 20명이며 대부분은 18세 정도의 청년들이었다. 오사카시에는 세이비소학교 외에도 그와 비슷한 야간부가 있었다. 이들 소학교 야간부에서는 일본인 학생들도 공부하고 있었는데, 조선인이 많이 사는 지역의 야간부는 일본인 학생보다 조선인 학생이 많았다고 한다. 1920년대 후반, 일본에 건너와 소학교 야간부 몇 군데에서 공부했던 강병철 씨가 당시 경험을 들려주었다.

"저는 어머니와 함께 오사카에 왔습니다. 어머니는 큰아버지에게 나를 맡기고 고향에 돌아갔지만, 당시 저는 열한 살이었고 학교에 다니기로 했습니다. 학교는 쓰루하시제4진죠 고등소학교 야간부였습니다. 그곳에 가니 조선 아이들이 열서너 명 다니고 있었는데 모두가 저와 비슷한 처지의 아이들이었습니다. 일본인 아이들도 네댓 명 있었고 한 반은 열여섯 명에서 스무 명 정도였던 것 같습니다. 모두 열심히 배웠습니다. 그 학교 야간부에 1년 있다가 하코바라는 곳으로 옮길 때까지 다녔습니다. 하코바에서 쓰네마치호리 진죠고등소학교의 야학에 다녔습니다. 그곳은 오래 다녔습니다."

『한신·게이힌 지방의 조선인 노동자』에는 세이비제4진죠소학교 야간부 말고 다른 야간부에 대한 내용이 나온다. 오사카시 난바 사쿠라가와진죠소학교 야간부인데, 이곳에서 조선인 학생들을

오사카의 제주인마을, 이카이노 이야기

가르친 이유를 기술하고 있다.

> 부근의 미요시 유리공장의 의뢰로 조선인 직공을 야간부에
> 수용해서 교육하기 시작한 것을 다른 곳에서 알고 잇달아 입
> 학을 신청하여 결국 다른 구에서까지 통학하는 사람이 나오
> 는 등 매우 좋은 성과를 올리고 있다.

또한 '야간부 재학 조선아동 일람표'도 게재했는데 '학동'의 대
부분은 18세 전후였다. 그들은 주간에는 일을 하고 야간에 소학교
에서 공부했다. 당시 가내공장의 대부분이 7시 30분에 업무를 시
작해서 19시 30분에 끝나는 12시간 노동이었으니, 노동의 가혹함
과 장시간 노동으로 인해 체력이 버티지 못하고 통학을 단념하는
'학동'이 적지 않았다고 한다.

그렇다면 1920년대 중반에서 1930년대 초, 이카이노 지역에 조
선인 거주구역이 형성되던 시기에 그 지역의 조선인 취학기 학령
아동 중 어느 정도가 취학하고 있었던 걸까?

정확한 통계가 존재하지 않기 때문에 연도별, 지역별 취학률 통
계는 작성할 수 없지만, 『쓰루하시·나카모토 방면의 거주자의 생
활상황』에 따르면, 1927년 3월 말 현재, 조선 마을은 71%, 이카이
노는 83%의 취학률을 보이고 있다. 이는 이 '마을'에 사는 일본인
이 포함된 취학률인데 조선인의 취학률은 일본인보다 낮았기 때문
에 조선 마을의 조선인 아동과 이카이노의 조선인 아동의 취학률

은 전자가 60% 전후, 후자가 70% 전후라고 추정된다. 이는 취학기 아동들도 취업하여 가계를 도와야만 했던 사정이 있었기 때문일 것이다.

사설 야학교

배우고 싶어도 배울 기회가 없고 자리가 없었던 조선인 청소년들에게 사회 교육활동에 관심을 가진 이카이노의 주민들이 각지에 작은 '사설 야학교'를 만들어 주로 조선 문자와 한자 보급에 힘썼다. 1920년대 후반에 그러한 사설야학교를 개설하기 시작했는데 당시 상황을 강원범 씨가 들려주었다.

> "문자를 모르면 일본인으로부터 바보 취급을 받는 현실이다
> 보니 이국에서 민족적인 굴욕감을 일상적으로 느끼고 있었
> 기 때문에 '두고 보자'는 심정으로 공부하지 않으면 안 된다
> 는 생각을 했고, 그것이 야학교 설립으로 이어진 것입니다."

어떤 사람들에 의해 야학교가 만들어졌는지 문자, 민족주의적인 성격이 강한 사람들, 사회 노동운동에 영향을 받은 사람들 등 다양하지만, 국어(조선어) 습득을 통해 조선인이라는 자각을 하고 인간으로서 조선민족으로서의 긍지를 갖게 하고 싶어 했던 건 공통적이었다고 한다.

"이카이노 지구의 조선인 밀집거주 지역에는 여러 야간학교
가 있었습니다. 학교에서 사용하는 교재는 조금씩 달랐습니
다만, 『노동독본』이라는 교재를 사용한 야간학교가 많았습
니다. 그 교재는 서울에서 발행한 것인데, 아마도 야학교의
교사가 서울에서 가져왔을 겁니다."

강원범 씨는 여기까지 이야기하고 잠깐 침묵하며 뭔가 생각하
더니 "맞다, 옛날 야학교에서 사용한 교재가 아직 남아 있을 거예
요."라며 일어나서 다른 방으로 갔다. 몇 분 지나 돌아온 그의 손
에는 오래된 세 권의 소책자가 들려 있었다.

그 소책자의 표지에는 『노동독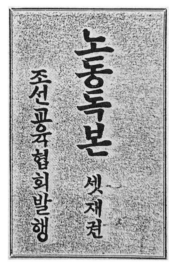
본』이라고 적혀 있었다. 옛날 이
카이노의 청소년이 공부하던 교
본이라고 생각하니 뭐라 말할 수
없는 향수 같은 감정이 북받쳤
다. 소책자를 손에 들고 재빨리
페이지를 넘기자 시공간을 넘어
옛날의 이카이노가 머릿속을 휘
젓는 듯했다.

한편 이카이노의 여러 지역에
개설한 야학교에서 배웠다는 김
인숙金仁淑 할머니를 소개받았다.

사설 야학교에서 사용된 교재 『노동독본』의 표지

오사카의 제주인마을, 이카이노 이야기

방문했더니 기성복에 단추를 달던 손을 멈추고, "아니 무슨 그런 얘기를 들으러 왔어요?"라며 띄엄띄엄 당시의 이야기를 들려주셨다.

"1933년쯤이었나. 제가 살고 있던 셋집 근처에 야간학교가 생겼어요. 당시에 저는 고무신을 만드는 작은 가내공장의 여공이었습니다. 아침 8시부터 밤 6시까지 그곳에서 새까맣게 된 채로 일하고 있었습니다. 제 나이 열다섯 살이었어요.

제가 고향 제주도를 떠나 오사카에 돈 벌러 와 있던 오빠를 믿고 찾아온 것이 열네 살 때였습니다. 제주도에서는 가난해서 학교에 갈 수 없었기 때문에 일본에 왔을 당시는 조선어든 일본어든 글자를 몰랐습니다.

고무공장에서 일하기 시작하고서도 글자를 몰랐기 때문에 억울한 생각이 든 적이 여러 번 있었습니다. 본인 이름을 쓰거나 주소를 서류에 기입해야 하는데 서류에 뭐가 쓰여 있는지도 알 수 없었고 본인 주소나 이름을 쓸 수 없어서 창피했습니다.

그래서 근처에 야학교가 생겼을 때 글자를 배우고 싶은 생각에 도저히 참을 수 없어서 오빠에게 말하니까 오빠는 '여자도 글자 정도는 알아야 한다'며 허락해줬습니다. 너무 기뻐서 바로 다음 날부터 야간학교에 다녔습니다. 야간학교로 사용하는 장소는 일반 민가인 나가야의 2층이었습니다. 그곳의 다다미 6조 2칸이 교실이었는데 그곳에 10~20명 정도의 학생들이 그야말로 빽빽이 들어차 있었습니다.

그곳에서 선생님으로부터 '가갸거겨'를 배웠습니다. 나는 태어나서 처음으로 글자를 배우는 것이 너무 기뻤어요. 저녁 7시부터 2시간 동안 야학교에서 배우고 집에 돌아와서는 신 선생님이 가르쳐 준 내용을 필사적으로 복습해서 완전히 외웠습니다. 일터에서도 일을 하면서 배운 글자를 손가락으로 써서 외우려고 했습니다.

야학교 학생들은 네댓 명의 남자아이를 제외하고 고향에서 글자를 배울 기회가 없었던 여자아이들이었는데 모두가 열심히 공부했습니다. 그중에서도 내가 가장 열심히 했고 가장 빨리 글자를 깨우쳤기 때문에 선생님이 '인숙이는 항상 열심히 공부해서 잘 기억하는구나. 모두들 인숙이를 본받으세요.'라고 칭찬해줬어요. 그래서 더욱더 열심히 공부했습니다.

야학에 다니기 시작하고 3주 정도 지났을 무렵이었던 것 같습니다. 그날도 공부를 하고 있었는데, 갑자기 아래층에서 큰소리가 들렸습니다. 무슨 일이 일어났나 하고 모두들 놀라하는데 경찰관 몇 명이 험악한 얼굴을 하고 2층에 올라왔습니다. 그리고 선생님에게 달려들더니 붙잡아 묶었습니다.

나는 갑작스러운 상황에 뭐가 뭔지 알 수 없어서 놀라서 보고 있으려니 학생들이 모두 일어났습니다. 그러자 경찰 중한 사람이 '빨갱이 야학교에서 배우면 너희들도 깜방에 집어넣을거야. 돌아가! 돌아가! 내일부터 여기는 폐쇄할거니까 근처에 얼씬대지마!'라고 위협하며 갖고 있던 교재를 전부 압수하고 말았습니다.

그때 선생님들은 경찰관들에게 구타당했는지 얼굴이 벌겋게 부어오르고 코피를 흘리고 있었습니다. 그런 선생님의 얼굴을 보고 있자니 화가 나서 울음이 터지고 말았습니다. 그리고 가슴속에서 뭔가 알 수 없는 슬픔이 치밀어 올라서 엉엉 울면서 집으로 돌아왔습니다.

집에 돌아와서 어느 정도 진정하고는 다시 생각해 보아도 어째서 경찰관이 우리 야학교를 이렇게 난폭하게 폐쇄한 건지 도무지 이해할 수 없었습니다. 얼굴이 붓고 코피를 흘리고 있던 선생님이 불쌍해서 무조건 경관을 증오했던 기억이 납니다.

그날 밤새도록 분노와 흥분으로 잠을 이룰 수 없었는데, 다음날 오빠로부터 '이제 야학교에 안 나가는 게 좋겠다.'라는 말을 듣고 다른 야학교에 전학할 수도 없어서 그만 배울 기회를 잃고 말았습니다. 만약 3주 정도 더 야학에 다녔으면 한문도 배웠을 텐데, 두고두고 속상하고 아쉽고 너무 화가 나서 견딜 수 없었습니다."(제주도 북제주군 출신, 현재 이쿠노구 거주)

그날의 억울함이 떠올랐는지 얼굴을 찡그리며 말을 중단한 김인숙 할머니에게 어떤 교재로 배웠는지 물어보았다.

"아마 『노동독본』이라는 책인 것 같은데, 1권에서 3권까지 있는 책이었습니다. 저는 1권을 막 끝낸 때였어서 너무 아쉬웠어요."

나는 종이봉투 안에 넣어 두었던, 깅원범 씨에게서 빌은 『노동독본』을 꺼내서 "이거 맞습니까?"라며 내밀었다.

"네네, 이겁니다. 이거 맞아요! 이게 어떻게 남아 있었네요?"

김인숙 할머니는 낡고 색 바랜 옛날 교재를 손에 들고 한참을 응시했다. 눈시울이 살짝 젖어 있는 듯 보였다.

탄압받고 폐쇄당한
사설 야학교

    사설 야간학교가 민족의식을 고양시키는 장으로 이용되고 있다고 판단한 일본 치안당국의 '야학교' 탄압은 혹독했으며, 김인숙 할머니와 비슷한 이야기가 『민중시보』 1935년 9월 1일자 기사에 올라와 있다.

〈경찰의 탄압으로 동황瞳瞳야학교 결국 해산〉

- 50여 명의 학생은 어떻게 되나
- 일반 학부형의 성난 목소리 거세져

일본에 거주하는 조선인 아동의 교육 문제는 실로 중요한 문제이다. 의무교육제도를 시행하는 이 땅에 살지만 아이들을 가르치고 싶어도 가르칠 힘이 없고 배우고 싶어도 배울 기회가 없다. 취학연령에 달해서도 입학 기회를 잃은 아동들은 매년 그 수가 늘고 있으며, 글자 그대로 문맹의 고통 속에서 허덕이는 현실을 모두가 알고 있다. 실로 조선인 사회의 중대한 문제이다.

따라서 이렇게는 안 된다고 생각한 청년들과 실업가 유지들이 여기저기에 야학을 만들어 학교에 입학할 수 없는 아동과 주간에는 일하고 밤에 배울 곳을 찾고 있는 소년들에게 문자보급을 도모하는 장을 제공하려 했다. 보통의 사회에서는 칭찬받아 마땅한 이러한 행위에 대해 경찰 당국은 무소선 금지 명령을 내렸다. 야학의 기회조차 뺏긴 사람들은 당국에 비난의 목소리를 높이고 있다.

오사카시 히가시나리구에 거주하는 김현배(26), 최명학(38), 홍성하(26) 씨는 '배움의 기회를 잃어버린 조선의 아이들에게 글자를 가르치자'는 정신으로 올해(1935년) 5월 히가시나리구 나카하마정에 동황야학교를 만들었다. 월사금 10전에 문방구 일체를 세 명이 부담하여 아이들을 가르치던 이들은 학생 수가 늘어나자 히가시나리구 모토마치 3정목의 문길수 댁으로 장소를 옮겨서 적극적으로 야학을 운영해왔다. 그런데 지난 8월 23일, 돌연 관할 경찰서인 나카모토서로부터 해산명령을 받음과 동시에 야학 주최자인 김현배 씨는 이틀간이나 투옥되는 일이 일어났다. 해산 당시의 학생 수는 50여 명이었다. 배움의 장을 뺏긴 50여 명의 아이들은 길거리로 쫓겨났다. 학부형들은 대책을 고심하는 한편, 당국에 대한 비난의 목소리를 높이고 있다.

조선인 자녀를 위한 야학교 경영은 1930년대 후반이 되면서 점점 더 힘들어지기 시작했다. 이는 재일조선인에 대한 민족의식의 고양과 의식의 각성이 조선의 독립 요구로 연결되기 때문이었을 것이다. 그러나 탄압으로 인해 모든 야학교가 없어진 것은 아니었다. 야간학교에서 교편을 잡은 경험이 있는 강원범 씨의 말이다.

"이카이노 지구에는 많은 야간학교가 있었습니다만 그 학교들이 폐교된 데는 지금 사람들은 상상하기 힘든 일들이 많았습니다.

먼저, 학교가 되는 장소를 물색해야만 하는데 보통 힘든 일이 아니었습니다. 교육이나 동포들의 생활개선 등에 관심을 갖고 이해해줄 동포들에게 부탁해서 그들이 세 들어 사는 집의 2층을 빌리고자 제안했으나, 동포들은 야학교를 한다고 하면 대개는 거절했습니다. 위험한 일임을 알았기 때문입니다. 야학교는 경찰의 탄압 대상이었거든요. 만약 경찰 습격을 받고 교사들이 체포되면 집을 빌려줬다는 이유로 주인도 경찰에 끌려가서 고초를 겪습니다. 고초를 겪는 정도면 견딜 만합니다만 구치당하고 같은 '부류'로 인식되면 고문을 당할 우려가 있었기 때문에 좀처럼 빌려주지 않았습니다.

게다가 경제적인 이유도 있습니다. 당시 집주인에게 용케 집한 채를 빌린 동포가 위 아래층을 통째로 본인 가족이 사용하는 일은 없었습니다. 아래층은 자신들이 사용하고 2층에는 하숙을 들여서 집세를 충당하는 것이 일반적이었지요.

그래서 민족교육이나 야간학교에 대해 이해하는 사람에게 사용할 방을 빌리지 못하면 힘들게 자금을 모아서 방세의 두 배를 지불하고 '야학' 장소를 확보하는 경우도 있었습니다.

이렇게 힘들게 방을 구하면 다음은 학생 모집입니다. 야간학교를 연 이상 학생들을 가르치기 위한 교재도 필요하고 교사에게 조금이나마 월사금도 지불해야 해서 학생 모집을 하면서 자금 모집도 해야만 합니다.

학생에게 월사금을 받지만 그것으로는 야학교를 경영할 수 없었습니다. 야학에 오는 학생은 온종일 일해도 60전도 받지 못하는 소년 소녀들입니다. 학부형도 겨우 먹고살 정도의 노동자들이어서 월사금이라 해도 매우 적은 금액밖에 받을 수 없습니다.

야학의 월사금은 월 20전 정도였습니다. 그 정도의 금액으로는 야학교의 운영비도 되지 않았지만, 동포들 가운데에는 소년 소녀들을 가르쳐야 한다는 사명감 같은 것을 가진 사람도 꽤 있어서 그 사람들로부터 기부금을 거둬서 자금을 만들었습니다.

이렇게 힘들게 만든 야학교이기 때문에 가르치는 쪽도 배우는 쪽도 무척 열심이었고, 학교는 늘 열기로 가득 차 있었습니다. 국어도 놀라울 정도로 빨리 습득했습니다. 경찰의 탄압을 받고 폐쇄되거나 자금 중단으로 해산하는 지경이 될 때까지 몇 개월 동안에 거의 읽고 쓰기가 가능해졌습니다.

그런 저의 학생이었던 동포들이 이카이노에 지금도 살고 있습니다. 벌써 몇 년 전 일입니다만, 이카이노 다리를 걸어가는데 저쪽에서 걸어오던 50대 여성이 '강 선생님! 강 선생님 아니세요?'라더군요. 물끄러미 그 여성의 얼굴을 쳐다보았는데 도무지 생각이 나지 않았어요. 그래서 실례라고 생각하면서도 '누구신가요? 최근에는 나이를 먹어서 자주 까먹어서요.'라며 난처해하며 물었더니, '40년 전에 야간학교에서 배운 이李입니다.'라고 말해서 깜짝 놀란 적이 있습니다. 그 당시에 야간학교에서 배운 제자라니…… 우연한 만남에 놀라면서도 옛날 생각이 나서 나도 모르게 눈물이 났습니다."

허공을 응시하며 아주 오래전의 일을 떠올리는 듯한 선생님의 얼굴을 보니 눈꺼풀이 살짝 경련을 일으키듯이 미세하게 흔들리고 있었다.

이카이노의 주민인 조선인 가정도 초기 출가 이동 노동자의 단계부터 정착률이 높아지고, 하루하루 먹고살 것도 손에 넣을 수 없던 정착 초기의 극빈 상태에서 많은 이들이 빠져나오게 되면서 점차 취학기 아동들의 취학률이 일본 아동과 거의 비슷한 수준으로 올라갔다.

1984년 현재, 이카이노 지구 중심에 가까운 오사카시립 미유키모리초등학교의 전교생 가운데 조선인 아동이 차지하는 비율은 약 70%이다.

최저임금
노동자의 집단으로

이카이노는
노동자의 마을

이카이노 지역의 뒷골목을 걸어서 돌아다니다 보면 대문에서 집 안이 훤히 들여다보이는 집이 여러 곳 있다. 집 안에서는 사람들이 바쁘게 일하고 있다.

지금도 이카이노는 영세한 가내기업이 많은 동네이다. 기성복이나 비닐제품, 구두, 가방을 만드는 이카이노는 장인의 마을이기도 하다. 이 동네가 성립되던 때부터 지금까지 장인과 노동자의 마을이라는 특성은 크게 바뀌지 않았다. 1920년대 중반의 이카이노의 주민들에 대해 김희조 씨는 이렇게 말한다.

"하숙하면서 일하고 있던 조선인 노동자의 직종은 우산 제조나 메리야스공장의 직공이 많았어요. 그 외에 유리공장, 고무공장 노동자도 많았던 것 같습니다."

그런 노동자들 가운데 한 사람이었던 정만정 씨도 당시를 회상했다.

"아침부터 밤까지 얼굴이 새까맣게 되도록 일했습니다. 이 카이노에 살고 있던 동포들 대부분은 작은 가내공장의 직공들이었으니까요. 철공장, 유리공장, 고무공장, 메리야스공장, 고무신 가공공장, 칫솔 제조공장 등, 주로 잡화품을 만드는 가내공장에서 일하고 있었습니다. 이러한 공장들의 노동 시간은 길었고 임금도 저렴했습니다만, 이렇게 조건이 나쁜 곳이 아니면 조선인을 고용해주는 곳이 없었습니다."

가난한 고향에서 일본으로 건너왔던 조선인들 대부분은 농민이거나 그 자제들이며 직업기술을 가진 사람은 드물었다.

그런 조선인들이 일본에서 일할 수 있는 곳은 제한적이었고 단순 육체노동이 대부분이었다. 조선인이 일본에 건너오게 된 시기, 일본은 자본주의 발전의 전성기를 맞으며 급격한 '근대화'가 추진되고 있었다. 각 도시에서는 수도

집에서 신발을 만드는 직공

공사, 하수도 공사, 국도 건설, 철도 부설, 항만시설 확대 등의 대규모 토목공사가 신행 중이었으며 여기에 필요한 토공으로 많은 조선인 노동자들이 고용되었다.

오사카시 사회부 보고『조선인 노동자 문제』에서는 1923년의 조선인 직업에 대해 "일본에 온 조선인 8만 8,262명 중 7만 7,980명은 육체노동자이며, 그중 6만 1,528명은 막노동·인부이다"라고 나와 있다. 실로 재일조선인의 70%가 '막노동·인부'였다(〈표 10〉).

하지만 이 시기에 오사카에서는 조선인의 '막노동·인부' 비율이 48%이며 전국 비율보다 낮다. 이 비율은 연대가 지날수록 더욱 차이를 보인다. 1929년 도쿄, 오사카, 가나가와, 효고, 후쿠오카 지역 재일조선인의 직종별 조사를 보면 오사카 지역의 '직공' 비율은 더욱 커진다(〈표 11〉). 도쿄에서는 '인부' 비율이 60%인데 오사카에서는 32%에 불과하다. 또한 오사카에서도 이카이노 지구에서는 직공의 비율이 압도적으로 높게 나타난다. 같은 해의 오사카시 사회부 보고에 조선 마을과 이카이노의 조선인 생활과 직업의 조사통계가 게재되었는데, 이에 따르면 이 시기의 조선 마을과 이카이노에서 '막노동·짐꾼'의 비율은 2.9% 정도에 불과했다. 주민의 직업은 대부분 '직공'과 '장인'이 차지하고 있다. 이 점이 다른 지역의 재일조선인과 이카이노 지구의 재일조선인의 다른 점이다(〈표 12〉).

표10. 직업조사

	학생	정신노동자	막노동·인부	직공	기타 무직	계
오사카	43	16	10,471	7,568	3,886	21,984
전국	1,101	291	61,528	16,452	8,890	88,262

* 오사카시 사회부 『조선인 노동자 문제』(1924년)

표11. 각 도시 재일 조선인 직업 통계

	도쿄	오사카	가나가와	효고	후쿠오카
관공리	46	47		2	1
군인	3				
통역				2	3
의사·약사	2		1		3
신문기자	7				1
승려·목사	5	4		3	6
사무원	78	18	4	8	3
학생	3,027	3,190	49	68	729
상업	518	4,491	62	337	221
농업	27		44	109	518
고용인	47		201	1,554	632
수상노동자	34		2	112	58
직공	3,065	23,059	349	3,152	546
갱부	17,776	20,533	5,919	5,216	13,161
교통운수노동자	251		1	11	4
접객업	32		62	66	204
예창기藝娼妓	2				3
무직	4,458	8,668	2,205	5,342	2,712
수감자	40		46	70	38
기타	141	4,732		2	3,241
합계	29,559	64,742	8,945	16,044	22,084

* 내무성 경보국 『1929년 중의 사회운동 상황』 통계 숫자는 1929년 6월 말 현재

표12. 이카이노 지구 직업별 조선인 수

분류		조신마을	이카이노
노동자	직공	102	34
	장인	83	29
	여공	19	15
	기타	4	10
	소계	208	88
일용노동자	목수	1	–
	심부름꾼	9	2
	막노동 · 짐꾼	4	7
	소계	14	9
급여생활자	상점원	1	–
	조합고용	1	–
	소계	2	–
자영업자	소매상	5	3
	노점상	1	–
	하숙집	20	9
	수공업	11	2
	기타	–	2
	소계	37	16
합계		261	113

비고: 앞 표의 합계와의 차이는 하숙집을 겸영하는 사람이 있기 때문이다.
* 오사카시 사회부『본 시의 조선인 생활 개황』(1929년)

오사카의 제주인마을, 이카이노 이야기

과격하고 불쾌한
노동 현장

어르신들의 회고에 따르면 직공이라고 하더라도 도일 당시에는 취직하기가 쉽지 않았다고 한다. 김해용 씨의 이야기이다.

"1920년대 중후반에 조선인들이 일할 수 있는 곳은 없었어요. 작은 가내공장 앞에 '직공 모집' 종이가 붙어 있어도 그 밑에는 조그맣게 '조선인 불가, 일본인에 한함'이라는 글자가 쓰여 있는 경우가 대부분이었습니다. 공장주도 조선인을 고용하는 걸 마치 은혜라도 베푸는 것처럼 생각하다 보니, 조선인의 임금은 일본인보다 적었습니다.

처음에는 그런 조건으로 참고 일하지만 1년 이상 같은 시간, 같은 내용의 일을 하다 보면 어째서 우리한테는 이것밖에 임금을 주지 않느냐는 불만이 나옵니다. 불만은 공장주에게 좀 더 임금을 올려달라는 요청으로 이어지고 공장주가 이에 응하지 않으면서 결국 쟁의로 발전하는 경우도 있었습니다."

대기업이나 중규모의 공장은 물론이고 영세한 가내공장이라도 노동조건과 노동환경이 좋은 곳이라면 조선인은 좀처럼 일할 수 없었다고 한다. 당연히 조선인이 일하는 곳은 노동조건이 열악한 공장이나 노동환경이 극히 나빠 일본인 노동자가 모이지 않는 직종으로 제한되었다.

'직공'과 '장인'이던 이카이노 재일조선인의 식종은 어떠한 직종이었을까? 오사카시의 〈보고〉는 다음과 같이 기술하고 있다.

> 조선인 노동자의 대다수가 약속이나 한 듯이 요업, 금속, 화학, 섬유, 목죽木竹 등의 공장에 다수 일하고 있다는 것은 창호, 에나멜, 법랑, 도금, 비료, 제재 및 메리야스 등 비교적 임금이 낮고 과격한 노동을 요하는 공장 이외에는 그다지 수요가 없다는 것을 보여준다. 말할 필요도 없이 일본인 노동자가 이러한 과격하고 불쾌한 공업에 종사하길 원하지 않는 데 비해 조선인 노동자는 굳이 이런 종류의 노동을 싫어하지 않고 공장주 측에서 보면 비록 일본어를 이해할 수 없고 미숙련자일지라도 상당히 도움이 되기 때문이다. 결국 이런 종류의 공장 노동에서는 조선인 노동자가 점차 일본인 노동자의 지위를 대체하고 있다.(『조선인 노동자의 근황』 오사카시 사회부, 1933년)

"조선인 노동자는 굳이 이런 종류의 노동을 싫어하지 않고"라며 마치 조선인 노동자가 '과격하고 불쾌'한 노동을 좋아서 하는 것처럼 기술되어 있지만 그럴 리는 없을 것이다. 김한봉 씨와 정만정 씨의 회상에도 나오듯이 조건이 좋은 직장에서는 고용해주지 않았고, '일본인 노동자가 선호하지 않아서' 공장주도 어쩔 수 없이 조선인을 고용하게 되면서 '과격하고 불쾌'한 직장에서 일하게 된 것에 불과하다. 그렇다면 오사카에서는 1920년대 중반에서 1930년대 초까지 어떤 직종에 몇 명 정도의 사람들이 일하고 있었던 것일까.

〈표 13〉에 따르면 1930년에 오사카에서 2만 3,704명의 노동자가 일하고 있었다. 대부분은 유리공업, 고무공업, 그리고 금속공업의 노동자인데 이 공장들은 대부분 종업원이 30명 이하의 영세공장이었다. 금속공업의 노동자였던 정만정 씨의 말이다.

표13. 오사카부 조선인 공장 노동자 수(1930년 12월)

	남	여	계
유리공업	2,585	37	2,622
방적공업	256	1,925	2,181
메리야스공업	631	525	1,156
금속공업	768	321	1,089
고무공업	757	159	916
기타	11,702	4,038	15,740
합계	16,699	7,005	23,704

* 오사카시 사회부 『오사카부 사회사업 연보(1931년)』

"나는 맹꽁이자물쇠를 만드는 미야모토라는 가내공장의 직공으로 일하고 있었는데 공상은 한 달에 며칠은 일이 없어서 휴무가 됩니다. 휴무 기간에는 임금을 주지 않았기 때문에 먹는 것조차 제대로 먹을 수 없는 경우도 많았습니다. 맹꽁이지물쇠는 일본어로 난킨죠南京錠 라고 하는데 중국에 열쇠를 수출했기 때문에 붙여진 이름입니다."

금속공업 직종이라고 해도 직공이 20명 정도인 자물쇠를 만드는 영세공장이었다. 통계수치에는 고무공업 노동자 수도 많은데 김한봉 씨는 일본에 왔을 당시에 고무공장에서 일했다고 한다.

"내가 일본에 온 1927년 무렵에는 일할 곳이 별로 없었기 때문에 고무공장에 들어가는 것도 쉽지 않았는데 친척의 소개로 그곳에 들어갔습니다. 누가 소개해주지 않으면 웬만해선 일할 수 없었어요."

고무공장의 노동환경은 형편없었다고 한다. 오사카시 사회부의 〈보고〉에는 고무노동자의 노동환경에 대해 이렇게 나와 있다.

기계를 운전하면서 계속해서 증기를 사용하는 곳은 실내 온도가 높아서 특히 혹독했기 때문에 직공은 비교적 열기에 견딜 수 있는 체질이어야 한다.(『고무공업과 노동 사정』 오사카지

방 직업소개 사무국, 1927년 10월 25일 발행)

조선인이 일본인에 비해 "열기에 견딜 수 있는 체질"이라고는 생각할 수 없다. 열기 이외에 분진과 유독가스에 대해서도 〈보고〉는 '경고'하고 있다.

어르신들은 고무공장에서 일하고 있던 조선인 노동자 중에서 1930년대 후반에 소규모 공장을 직접 경영하는 사람도 출현했다고 했다.

"고무공장 중에는 오카베고무, 미키고무, 후지고무 등의 비교적 큰 고무공장이 있고 그 공장에 조선인 노동자들이 있었는데, 기업주는 그런 조선인 노동자 가운데 재능 있는 사람을 감독으로 등용했습니다. 고무공장에서 감독하던 사람이 후에 독립해서 고무공장을 경영하게 되면서 이쿠노에 조선인 공장 경영자도 하나씩 볼 수 있게 된 것이 1931년에서 32년 무렵이었을 겁니다. 그 공장에서 일하는 노동자는 거의 조선인이었습니다.

종전 후에 비닐이 발명되면서 그런 고무공장이 비닐 공장으로 바뀌어 갔습니다. 고무제품과 비닐제품은 비슷한 방법으로 만들어지니까요. 그렇게 해서 현재도 이쿠노의 조선인들 중에 비닐 제품을 취급하는 생산업자가 많습니다."

조선인 노동자가 감독을 거쳐 경영자가 된 경위를 들려주며 강원범 씨는 오늘날 이카이노 조선인들의 직업이 당시부터 이어져 온 것이라고 했다. 고무공장이라고 해도 원료가 고무인 코빙직물과 타이어, 튜브 같은 것을 만드는 공장 이외에 고무신 등의 제품을 만드는 공장도 있었고 그런 노동자들 중에 조신인 여공들도 많이 있었다. 고무공장에서 여공으로 일했던 김군세 할머니는 다음과 같이 말했다.

"내가 일본에 건너온 것은 1931년입니다. 1920년대 후반 남편이 일본에 와 직장에서 일하고 있었기 때문에 일본에 왔습니다. 우리는 이카이노에 집을 빌려서 생활하기 시작했는데, 남편 한 사람 월급으로는 집세 내고 생활하는 것이 힘들어서 저도 일하러 나갔습니다. 직장은 이카이노에 있었던 고토 고무공장이었는데, 고무신을 만드는 공장이었습니다.

고토 고무공장에는 조선인 여공이 대부분이었어요. 약 120~130명의 여공이 일하고 있었는데 조선인 여공은 그중에 80명 정도였던 것 같아요. 그곳에서 우리가 하는 일은 중국에 수출하는 고무신의 고무창을 대는 일이었습니다. 강력한 풀로 고무를 붙이고 고무신을 만드는 작업인데 아침 7시부터 저녁 6시까지 11시간 일하고, 하루 임금은 약 60전이었던 것 같습니다. 당시에 우리 부부가 빌린 4조 반 한 칸짜리 방세가 4엔 50전이니까 방세에 비해 임금이 낮은 편이었습니다."

오사카의 제주인마을, 이카이노 이야기

가장 많은
유리공장 노동자

〈표 13〉에서 볼 수 있듯이 오사카 거주 조선인들의 '직공'으로
는 유리공업 노동자가 가장 많다. 오사카의 유리공업 노동자 중에
조선인 노동자가 다수 고용된 이유는 다음과 같다.

> (유리공업에서는) 종래 이 미숙련 직공, 소위 견습직공은 전
> 부 유년공들이었다. 본 항 서두에 서술했듯이 견습생으로서
> 실제 능력을 가진 유년공들이 감소하면서 이를 보충하기가
> 매우 힘들다고 판단하던 차에 마침 조선인 노동자가 도래하
> 게 되었다. 임금이 저렴하고 열기에 대해 비교적 둔감하여
> 유리제조업 노동자로서 조선인 노동자가 견습생으로 대용
> 되며, 게다가 현재 상황에서는 조선인 노동자의 수요가 점점
> 더 증가하는 경향을 띠고 있다.(오사카시 사회부 『유리제조 노
> 동자의 노동과 생활』 1925년 2월)

유년공을 고용할 수 없게 된 상황에서 그 대용으로 조선인 노동
자가 고용되었다. 이는 유년공과 같은 저렴한 임금으로 이들을 고

용할 수 있었기 때문이다. 『민중시보』에 당시 유리공장에서 일하던 조선인 정년노농자가 쓴 '우리들의 공장 생활'이라는 글이 게재되었는데, 이 글을 통해 당시 유리공장 노동자 생활의 한 단면을 엿볼 수 있다. 글의 내용은 다음과 같다.

우리들의 공장 생활

내가 지면에서 거듭해서 노동자의 생활이 어떤 것인지를 말하지 않아도 독자 여러분은 잘 알고 계시겠지요. 그러나 정말로 알고 계십니까? 다시 한번 저의 진실의 소리를 들어주시지 않겠습니까?

오사카에는 20만의 조선인 노동자가 살고 있습니다. 직종은 자유노동자가 가장 많고 그다음에는 유리공장의 노동자일 겁니다. 100명 내외의 소규모 유리공장의 노동자 대부분은 조선인 노동자이며 일본인 노동자는 불과 몇 명입니다. 제가 일하고 있는 ○○공장에도 150명의 노동자 중에 절반 이상을 차지하는 것이 조선인 노동자입니다.

여러분, 생각해 보세요. 어째서 유리공장에 이렇게 많은 조선인 노동자가 고용되었으며 일본인 노동자가 적은지를. 그 답은 간단합니다. 위생설비나 갖가지 대우는 물론 모든 노동조건이 다른 산업노동자보다 열악하기 그지없기 때문입니다. 이 지면을 빌려 저는 조선인 유리공장 노동자의 생활을 여러분께 알려드리기 위해 제가 일하는 유리공장의 생활을 소개하려고 합니다.

○○유리공장에는 140명의 직공이 일하고 있고 그중 81명이 조선인 노동자입니다.

공장은 근대적 설비가 도입되어 있고 공장주는 오사카의 정재계에 상당한 세력을 가진 인물입니다.

우리들의 노동 시간은 아침 8시부터 저녁 5시까지 11시간(11시간이므로 저녁 5시는 저녁 7시의 오기인 것으로 보임)이며 그중 점심 휴식 시간이 45분입니다.

임금은 첫 입사 때 정해진 하루 70전인데 입사 후 1년이 지나도 오르지 않습니다. 반년 경과하면 받을 수 있는 휴일 임금도 8개월이 지나서야 이쪽에서 시끄러울 정도로 독촉하면 떨떠름하며 지불하는 상황입니다.

이런 조건에서 일하는 노동자 중에서도 저와 같은 연수생과 임시공의 대우는 특히 열악합니다. 제품 생산 중에 병을 한 개라도 깨뜨리면, 감독 사원에게 야단맞는 것은 당연하다 치더라도 그전에 일본인 장인들이 먼저 유리병을 불어넣는 봉 같은 것으로 머리를 내리치며 온갖 욕을 해댑니다. 그런 장인들에게 반항이라도 할라치면 돌아보려고 온 감독에게 뺨을 맞고 해고 협박이나 당할 뿐입니다.

일본인 장인이 세게 나오는 이유는 이 공장이 주식회사인데 일본인 장인들에게 1, 2주의 주식을 줘서 그들을 주주로 삼고 있기 때문입니다. 그래서 바보 같은 장인들은 눈곱만큼의 배낭에도 몸이 상할 정도로 근면하게 일할 뿐만 아니라 주주라는 특권의식을 갖고 조선인 노동자와 연수생을 늘 학대하고 있는 겁니다.(『민중시보』 1935년 9월 15일)

오사카의 유리공업은 당시 "기나이(畿內, 가나가와현 전역, 나라현 전역, 교토부 남부, 오사카부 대부분, 효고현 남동부), 주고쿠, 시코쿠, 규슈 지방은 당연히 오사카 제품의 독점무대였고, 그 외에 중국, 인도, 남양 방면에 수출되는 것도 매우 많다"고 기록(『유리제조 종업자의 노동과 생활』)에 나와 있듯이 일본 유리산업의 매우 중요한 생산지였으며, 많은 제품을 대륙으로 수출했다.

고무신 공장에서 일한 김군세 할머니도 그 공장에서 제조한 고무신은 중국 대륙으로 수출되었다고 했다. 문득 조선인 노동자가 일하던 영세공장의 제품은 대부분 중국에 수출되었을지도 모르겠다는 생각이 들었다. 유리, 고무, 금속 제품뿐만 아니라 싼 공임으로 만든 일용잡화 수출품은 조선인 노동자의 저임금 노동에 기반하여 수출이 이뤄졌을 것 같았다. 이때 김한봉 씨는 다른 수출잡화품도 조선인 노동자가 많이 만들었다는 이야기를 꺼냈다.

"제가 일본에 건너와서 몇 년쯤 지난 1920년대 후반 무렵이었는데, 이카이노의 골목을 걷고 있으려니 집이란 집에서 온

통 하얀 분진이 뿜어져 나와 골목에 가득 차 있었습니다. 그리고 역한 냄새와 함께 득득 뭔가를 깎는 소리가 들려오는 겁니다.

처음엔 무슨 소리와 냄새인지 몰랐는데 지인의 집에 들어가시 바로 일었습니다. 집 안에 작은 기계를 놓고 돼지 뼈를 깎아서 칫솔 손잡이를 만들고 있는 겁니다. 득득, 직직거리는 소리는 깎을 때 나는 소리이고 하얀 분진은 깎일 때 나오는 가루입니다. 그 냄새, 뭐라 형용할 수 없는 역한 냄새인데, 그 동네 전체에 그런 냄새가 진동했습니다.

그래서 이카이노는 지금도 냄새나는 동네라는 생각을 지울 수 없습니다. 그건 돼지 뼈를 깎아서 잡화품을 만드는 마을의 냄새입니다. 조선인의 냄새나 마늘 냄새가 아니라 중국에 수출하는 잡화품을 가공하는 영세 가내공장에서 나오는 악취였던 겁니다.

이카이노에서 만들어진 잡화는 대부분 외국으로 수출했을 겁니다. 물론 일본에서 사용하는 것도 만들었습니다만 중국 등지에 수출하는 물건을 만드는 곳이 많았던 것 같습니다.

어느 날은 제가 영세 가내공장에서 일하는 친구에게 놀러 간 적이 있습니다. 그 친구는 자물쇠를 만들고 있었는데 전부 중국에 수출한다고 말했습니다. 고무신이나 여러 가지 잡화를 이카이노에서 만들어서 중국에 수출했던 겁니다."

오사카의 제주인마을, 이카이노 이야기

오사카는 종전 이전에는 잡화류 대륙 무역의 대기지였는데 그 곳에서 수출되는 잡화품 대부분이 조선인 노동자의 저임금에 의해 유지되었다고 볼 수 있다.

'겨우 먹고 살 만큼'의 임금

당시 조선인 노동자의 임금 수준은 어느 정도였을까? 과연 일본인 노동자에 비해 '동일노동, 동일임금'이었다고 할 수 있을까? 1920년대 중반부터 이카이노에 살면서 공장 노동자로 일해 왔던 사람들에게 당시 임금에 대해 물어보았다.

정만정 씨는 "제가 철공장에서 일하기 시작한 1923~24년 무렵에는 하루 임금이 1엔 10전 정도였고, 1929년 무렵에는 1엔 40전을 받았던 것 같습니다."라고 말했다. 일본인 노동자와 임금 차이는 있었느냐는 질문에는 20전 이상 차이가 있었던 것 같다며 민족차별에 의한 임금 격차를 인정했다. 김희조 씨도 다음과 같이 말했다.

"제가 고무공장에서 일할 때, 아마 저의 하루 임금이 1엔 30전 정도였던 것으로 기억합니다. 임금은 직종에 따라 다소 차이는 있었습니다만 어떤 직종에서든 일본인 노동자와는 2~30전 차이가 있었던 것 같습니다. 노동 시간은 일본인이나 조선인이나 같았고, 아침 7시부터 밤 7시까지 12시간 노동이 일반적이었습니다."

임금 격차는 '일당' 같은 임금뿐만 아니라 여성 노동자의 도급 제도 같은 공임에서도 있었다.

"고무공장 작업은 온종일 앉은 채로 고무를 붙이는 작업이고 한 개에 1전이나 5리 같은 도급제 임금이었습니다. 그 공임에 일본인과 조선인 여공 간에 몇 리 정도 차이를 두는 경우가 있어서 그것 때문에 파업 같은 쟁의가 일어나는 공장이 있었습니다."(김군세 씨)

이러한 민족의 임금 차이에 대해 〈보고〉는 다음과 같이 기록하며 각종 업종 간 민족별 임금 격차 표를 게재했다.

고용주는 일본인과 조선인 모두 최저 임금에서는 차이가 없다고 말하고 있지만, 그것은 조선인 성년 노동자의 최저 임금을 일본인 소년노동자의 임금과 비교하기 때문이다. 게다가 최고 임금에서 두드러진 차이를 보이며 평균 임금은 일본인보다도 훨씬 저렴하다.(『조선인 노동자 문제』)

〈표 14〉의 통계는 1923년의 수치인데 이 통계 수치에서 보이는 격차는 그 후에도 거의 변화가 없다. 예를 들어 1929년 내각통계국의 조사('1929년 1일 평균임금 제수당상여')에 나온 공장 노동자 임금과 오사카시 사회부의 1930년 당시 조선인 공장 노동자의 임

금을 비교하면 〈표 15〉와 같은 결과가 나온다. 7년의 시간이 지나
도 임금 격차가 줄어들지 않았음을 보여주는 통계이다. 그렇다면
조선인 노동자들의 수입은 월평균 어느 정도였을까?

"저는 하루 12시간 일하고 월 2회 휴무에 월평균 16엔 징도
였던 것 같습니다. 아니면, 좀 더 적었나?"(김군세 씨)

김군세 할머니는 여성 노동자였기 때문에 적었을까? 김한봉 씨

표14. 민족별 임금 격차(오사카시·1923년 6월)

단위: 엔

	조선인			일본인		
	최고	최저	보통	최고	최저	보통
세탁부	1.90	1.00	1.80	2.70	1.00	2.00
농업(남)	1.70	1.20	1.60	2.20	2.00	2.00
농업(여)	0.90	0.85	0.85	1.20	1.20	1.20
염색공업	1.90	1.00	1.20	3.00	1.50	2.10
메리야스공업	1.90	1.00	1.30	3.00	1.50	2.20
방적공업(남)	2.00	0.90	1.20	2.80	1.00	1.70
유리공업	2.00	0.90	1.20	3.50	1.10	1.60
짐꾼	2.50	1.70	1.70	3.00	2.00	2.50
인부	1.70	1.00	1.00	2.00	1.80	1.90
막노동	2.50	1.70	1.70	2.80	2.00	2.50
갱부	2.30	1.60	2.10	2.80	1.80	2.50
평균	1.85	1.17	1.54	2.65	1.54	2.02

* 오사카시 사회부 조사과 『조선인 노동자 문제』

오사카의 제주인마을, 이카이노 이야기

표15. 민족별 임금 격차

단위: 전

	일본인 공장 노동자			조선인 공장 노동자		
	총 평균	남 평균	여 평균	총 평균	남 평균	여 평균
총수	204.7	264.7	98.1	122	139	81
요업	214.1	235.6	92.9	108	109	81
금속공업	304.1	211.9	127.4	171	174	86
기계공업	283.1	288.2	145.2	166	167	83
화학공업	200.1	235.5	110.8	149	163	84

* 『본 시의 조선인 공장 노동자』(1931년)

표16. 조선인 월수입 추출조사 (오사카시·1923년 8월)

월수입(엔)	직공 (30인)	막노동 (100인)	일용노동자 (20인)
10-15	-인	-인	11인
15-20	6	12	3
20-25	4	16	5
25-30	10	6	-
30-35	7	11	-
35-40	-	17	-
40-45	2	4	-
45-50	-	7	-
50-55	1	13	-
55-60	-	5	-
60-65	-	2	-
65-70	-	-	-
70-75	-	-	-
75-80	-	1☆	-
80-	-	6☆	-
평균 노동일수	25	21	16
평균 월수입(엔)	27.333	38.915	16.250
평균 일수입(엔)	1.093	1.853	1.003

* 오사카시 사회부 조사과 『조선인 노동자 문제』
☆ 표시는 막노동 반장 (하숙업과 막노동 알선업 겸업)

의 월평균 임금은 조금 달랐다.

> "고무공장 임금은 일당 1엔 80전, 한 달에 27, 8엔이 평균이
> 었던 것 같습니다."

공장 노동자든 일용 노동자든 1920년대 중반에서 후반에 걸쳐
조선인 노동자의 월평균 임금은 그 정도가 대부분이었던 것 같다.
〈보고〉의 『조선인 노동자문제』에 의하면, 오사카시가 1923년 8
월, 오사카 거주 토공 100명, 직공 30명, 일용 노동자 20명에 대해
조사한 결과가 수치로 나와 있는데 이는 〈표 16〉과 같다.

이 임금으로 어떤 생활이 가능했을까? 조선인 노동자의 하숙비
는 2식 포함해서 최저가 50전이고 최고가 80전이었다고 한다. 〈표
16〉에서 보면 많은 사람들이 임금에서 하숙비, 그것도 최저 하숙
비를 내고 나면 얼마 남지 않는 수준이다. 일용노동자 11인은 하
숙비조차 낼 수 없다. 하숙에서 2식, 그것도 초라한 식사밖에 나
오지 않는다고 하면 먹을 것도 제대로 먹지 못하는, 문자 그대로
'기아임금'이다. 그런 노동자의 생활에 대해 강원범 씨는 이렇게
회고했다.

> "당시에 일본에 건너 온 사람들은 모두가 가난했습니다. 그
> 날그날 겨우 먹고 지내는 상태였고 아무것도 모르는 이국땅
> 에서 살아남기 위해 필사적이었지요. 노동해서 한 달 얼마의

임금을 받으면 그 대부분을 고향의 부모 형제에게 보냅니다. 고향도 일본의 지배로 힘든 상황이었으니까 안 보낼 수 없었어요. 그렇다 보니 돈을 저축한다는 것은 생각도 못하고 늘 겨우겨우 살아갔어요. 모두가 가난했기 때문에 뭔가 일이 있으면 동포끼리 힘을 모아서 어떻게든 해결해야만 하는 상황이었습니다. 장례 등을 치를 때도 십시일반 조금씩 돈을 보탰어요. 동포의 집 한 칸에 몇십 명씩 하숙인이 모이는 것도 이국땅에서 느끼는 동포들의 불안감, 가난, 그리고 차별을 받는 상황과 무관하지 않았을 겁니다."

그러나 동포 의식으로 지탱하던 조선인끼리의 상부상조가 그리 오래 가지 않았다고 말하는 사람도 있다. 빈곤과 차별의 억압을 받는 가운데 자기 이익만 추구하며 동포를 이용하는 '융화업자' '이권업자' '고리대금업자' 등이 생겨난 것이다. 김한봉 씨는 조선인의 '고리대금'이 이카이노에 출현했을 때의 상황을 다음과 같이 말했다.

"정착 초기에는 조선인끼리의 상호부조 기풍 같은 것이 형성되어 있었지만, 점점 사람들이 많이 모이면서 기회를 잡으려는 인간이 생겨난 겁니다. 동포 노동자는 가난하니까 늘 힘들어서 먹을 것도 부족하고 돈이 없어서 살 수 없는 날도 있어요. 그런 상황을 노리고 쌀집을 차려서 외상으로 쌀을 판 뒤 그 사람의 월급날에 공장주에게 얘기해서 강제로 제하기도 했습니다. 그런 경우 금리는 정가의 10%로 하는 것이 보통이었어요. 그런 쌀집이 쌀뿐만 아니라 고리대금 같은 것을 시작하면서 점점 악독해져 간 거지요."

빈곤에 허덕이던 당시의 오사카 거주 조신인 노동자의 개인적인 지출은 어떤 것이었을까? 『조선인 노동자 문제』에 몇 가지 사례가 게재되어 있다(〈표 17〉).

아무리 조사 시기가 여름이었다지만 한 달 피복비가 0이라니 놀랍다. 그중 직공의 생활을 보면 술과 담배를 일절 하지 않고 옷은 한 벌도 사지 않고 잡화비도 일절 사용하지 않았다. 조사 대상 모두 수입의 상당 부분을 고향에 송금하는 지출 상황은 조선 본토의 빈곤을 보여주는 것이기도 하다.

표17. 재오사카 조선인 개인 지출표(1923년 8월)

단위: 엔

		막노동(27세)	직공(30세)	일용인부(43세)
월수입 평균		35	28	20
지출	하숙	19.5	(기숙사) 15	(폐선기거) 식비 9
	술, 담배	7	–	3
	피복	–	–	–
	잡비(목욕, 기타)	2	–	2
	송금	5	10	–
	저금	–	2	6
	잔금	1.5	1	–
	계	35	28	20

* 『조선인 노동자 문제』

생활 개선의
요구를 내걸고

노동자의 정주화와
노동쟁의

이카이노 지역에 영세공장의 노동자로 조선인들이 정주하게 된 것은 1920년대 중반이다.

정주하기 몇 년 전부터 오사카를 찾은 조선인 노동자들은 극빈한 고향에서 일본으로 건너와 묵묵히 일하면서 저임금과 악조건의 노동환경을 견디고 그날그날의 생활에 필요한 것을 얻기 위해 노력했다. 이 시기에 조선인 노동자의 수가 절대적으로 적어서인지 오사카의 조선인 노동자의 노동쟁의는 기록되지 않았다.

일본 각지에서는 1913년에 가나가와현의 사가미 수력전기공사 현장에서 일하던 20명의 조선인 토공들이 처우 개선을 요구하며 파업을 일으킨 것을 시작으로 일본 전역에서 매년 몇 건 정도의 쟁의가 발생했다.

오사카부에서는 1922년에 기시와다 방적회사에서 일하던 조선인 여공 271명이 차별대우 개선을 요구하며 파업한 것이 첫 쟁의이다. 그러나 이카이노 지역의 조선인 노동자들은 이국의 열악한 노동환경과 저임금에 묵묵히 견디고 있었을 것이다. 기록상으로는 조선인 노동자가 주동이 된 노동쟁의 내용은 보이지 않는다.

1920년대 초중반의 조선인 노동자의 사고방식이나 그 운동에 대해 〈보고〉는 다음과 같이 기록했다.

조선인 노동자들 간에 특별히 이렇다 할 공통된 사상은 없다. 그들은 조선독립 요구 등은 생각하고 있지 않은 듯하며 일해서 돈을 버는 것만 고심하고 있다. 비록 실업으로 힘들어하는 일부 동료들을 만나더라도 그들은 일이 없어서 채용되지 않는 것이니까 어쩔 수 없다. 요컨대 자신들의 운이 나쁜 것이라고 포기할 뿐, 그들에게는 결코 현대사회조직을 비판하는 듯한 사상이 없다.(『조선인 노동자문제』)

이는 1923년의 행정당국이 본 조선인 노동자의 '사상성'이다. 그러나 이 〈보고〉는 다음과 같이 향후 조선인 노동자의 조직화와 노동운동의 격화를 예측하고 있다.

그 방면(노동운동, 독립운동을 가리키는 것으로 생각됨)에 지도자가 나타났다고 한다면 자기 의사 발동에 의하지 않는다고 해도 어쩌면 집단적 운동을 일으킬 수도 있다.(『조선인 노동자문제』)

이 예측은 일본의 조선인 노동운동이 활발해지면서 적중했다. 1920년대 중반이 되자 조선인 노동자도 출가 노동자에서 정착한 노동자로서의 성격이 짙어진다. 이카이노 지역은 그런 정주화에 결정적인 역할을 수행했다. 이카이노 지구에서 집을 임대한 조선인 노동자는 고향에서 아내와 아이들을 불러들이고 그 지역에서 일상생활을 영위하기 시작했다. 정착하게 된 경위에 대해 정만정씨는 나음과 같이 말했다.

"처음에 제가 고향을 떠나 일본에 오게 된 것은 어떻게든 돈을 벌려는 이유에서였습니다. 고향에서는 먹고 살 수 없으니 일본에서 일하고 돈을 벌어 고향에 있는 부모와 아내에게 송금해야 했습니다. 그러나 막상 일본에 와 보니 그렇게 간단히 벌 수 있는 게 아니었어요. 하숙비를 내고 나면 겨우 생활할 수 있을 정도였습니다.

아무리 적은 벌이지만 먹을 것도 먹지 않고 아껴가며 고향에 조금이라도 송금했습니다. 그랬더니 아내는 일본에서 함께 생활할 수 있을 거라 생각해 편지로 일본에 오겠다고 하더군요. 하지만 온다고 해도 함께 살 집도 없으니 편지로 사정을 설명하고 설득해서 고향에 머물도록 했습니다. 아마 저뿐 아니라 하숙집에 묵으면서 일하던 기혼 동포들은 모두 경험했을 겁니다. 그러다 어찌어찌 집을 빌릴 수 있게 되었고 그제야 고향에 있는 아내를 일본으로 오게 했습니다."

정주하면서 조선인 노동자들의 의식에도 변화가 일어났다. '동일노동 차별임금'과 '실업', '열악한 노동조건'에 대한 불만이 싹 텄다. 그 불만은 당연히 기업주에 대한 요구로 이어졌는데 요구가 받아들여지지 않고 서로 충돌하는 사이에 그런 불만을 조직화하는 노동운동이 시작되었다. 그런 노동운동의 발전 속에서 조선인 노동자의 계급적 민족적 자각이 선명해져 갔다.

1922년 11월, 도쿄에서는 무정부주의적인 사상에서 이탈한 최신춘崔申春, 백무白武가 도쿄조선노동자동맹회를 결성했다. 여기에 호응하여 같은 해 12월, 일본노동총동맹 관서노동동맹회의 지원을 받은 약 300명의 조선인 노동자가 참가하여 오사카조선노동자동맹회가 결성되었다.

오사카조선노동자동맹회의 강령은 다음과 같다.

1. 우리는 우리의 단결 위력으로 계급투쟁의 승리를 획득하고 이로써 생존권 확정을 기한다.
1. 우리는 우리의 고혈을 착취하는 자본주의제도를 타파하고 생산과 노동을 본위로 하는 신사회의 건설을 기한다.

강령은 노동자계급으로서의 자각과 이에 따른 생존권을 분명히 표방하였으나 민족적 과제에 대한 시각은 결여되었다. 오사카조선노동자동맹회의 결성에 대해 일본노동총동맹과 일본공산당은 그 결성에 축의를 표하고 기관지를 통해 '일본과 조선의 노동자계급의 단결'을 역설했다. 당시 일본의 노동운동과 전위정당 측에서는 계급적인 입장에서 '일본과 조선 노동자의 연대와 단결'을 촉구해야만 하는 상황이었다. 제1차 세계대전 이후 조선인 노동자의 수가 급증하여 그들이 저임금 노동자, 실업 노동자로 조직화하지 않은 상태에서 고통받는 상황은 단순히 조선인 노동자의 문제로만 존재하는 것이 아니라, 일본인 노동자의 저임금, 임금 억압, 실업과 밀접한 연관성이 있다는 사실을 일본의 노동운동 지도자들이 인식하게 되었기 때문이다.

이 때문에 『노동자신문』(일본노동총동맹기관지), 『전위』(일본공산당기관지) 등에 '일본과 조선의 노동자 단결'이라는 문구가 실리기는 했지만, 아직은 일본인 노동자 계급과 조선인 노동자 계급 모두 연대와 운동을 전개할 만한 역량을 갖고 있지 않았다. 오히려 공장 등의 노동현장에서는 조선인 노동자와 일본인 노동자 간의 민족적 반목이 강했고, 서로의 노동조건 개선 싸움에 서로가 '파업 깨기' 역할을 하는 장면이 적잖이 목격되었다.

이런 상황에서 오사카조선노동자동맹회를 결성하고 조직화한 조선인 노동자들이 일본의 노동운동 속에서 활발한 움직임을 보였다. 결성한 지 2개월 후인 1923년 2월 11일, 오사카 나카노시마 공원에서 개최한 '과격사회운동법안반대투쟁'에는 4,000여 명이 참가했는데 그중 조선인 노동자가 300여 명이었다. 또한 그해 5월 1일, 오사카의 메이데이에 '일 · 조 노동자 단결하자'라는 슬로건을 내걸고 모인 4,000여 명의 노동자 가운데 조선인 노동자는 실로 600여 명을 헤아렸다고 한다(『오사카아사히신문』 1953년 5월

2일자).

메이데이에 이 정도로 많은 조선인 노동자가 참여했다면 이카이노에도 당시 상황을 알고 있는 사람이 있지 않을까 해서 찾아보았지만 당시 메이데이와 초기 노동운동에 참여한 사람은 찾을 수 없었다.

1931년 당시 일본공산당에 입당한 경험을 갖고 있는 강원범 씨도 1920년대의 노동운동 활동가에 대한 기억이 없다고 한다. 다만 다음과 같이 덧붙였다.

> "당시 이카이노는 노동자의 마을이라서 노동운동이 활발했습니다. 아니 활발했다기보다도 저임금, 실업, 열악한 노동환경 속에서 겨우 살아가는 상황이었으니까 그런 생활에 대한 불만이 공장주와 기업주에게 향할 수밖에 없었고, 그런 불만을 조직하고 이론화하는 노동운동으로 직결되는 요소가 있었던 겁니다."

이카이노 지역을 중심으로 한 오사카의 조선인 노동자 운동은 그 후에 재일조선인노동운동에서 핵심적인 역할을 맡게 되는데, 이는 조선인 노동자가 이카이노 지역에 많이 살던 것과 관련이 있었을 것이다. 노동자 개개인의 불만이 노동조합의 결성과 발전으로 이어졌고, 오사카와 도쿄뿐만 아니라 일본 전국의 조선인 노동자 운동으로 발전해 갔다. 도쿄와 오사카에서의 조선노동자동맹회가 결성된 후 고베와 교토에도 동맹회가 결성되었고 이 조직들의 진선 통일에 대한 강한 요구가 생겨났다.

이렇듯 분위기가 고조되는 가운데 1925년 2월, 재일조선노동총동맹(노총)이 도쿄의 일화일선日華日鮮청년회관에서 창립했다. 다음은 노총의 강령이다.

1. 우리는 단결의 위력과 상호부조의 조직을 통해 경제적 평등과 지식적 계발을 기한다.
2. 우리는 단호한 용기와 용감한 전술을 통해 자본가 계급의 억압과 박해에 대해 철저히 항쟁할 것을 기한다.
3. 우리는 노동자 계급과 자본가 계급이 양립할 수밖에 없음을 확신하고 노동조합의 실력을 통해 노동자 계급의 완전한 해방과 자유평등의 신사회 건설을 기한다.

이 강령도 오사카조선노동자동맹회의 강령과 마찬가지로 계급적 입장은 명확히 제시하고 있지만, 조선인으로서의 민족적 자각과 그 민족적 자각을 '민족해방투쟁'으로 연결하는 조선인 노동자의 정치적 목표는 완전히 결여되어 있다.

이는 당시 조선인 노동운동가의 미숙함을 보여주는 것이었는데, 돌이켜보면 일본 국내에서 조선인 노동자들의 '연대'와 '단결'을 기관지 등에서 강조하고 호소하면서도, 식민지 문제를 시야에 둔 정치 목적의 '연대'와 '단결'에 대해 구체적 내용을 제시하지 않은 일본 노동운동의 미숙함을 보여주는 것이었다고 볼 수 있다.

비록 이러한 약점을 갖고 있었음에도 노총은 조직을 강화하여 결성한 지 1년 후에는 3,000여 명의 조합원을 조직하고 그해 10월에는 약 9,900명의 조선인 노동자를 조직하기에 이르렀다.

노총이 창립한 해인 1925년 4월, 조선 본토에서는 조선공산당이 창건되었지만 당 내부 주도권을 둘러싼 파벌 싸움에 빠져 있었다. 조선공산당의 이러한 분파투쟁은 일본 관헌의 탄압을 용이하게 하였고 공산당만이 아니라 많은 반일독립단체에도 부정적 영향을 끼치면서 조선에서의 반일민족투쟁의 약화를 초래했다.

그러나 그런 위기감으로 인해 수많은 사상단체와 반일단체가 같은 방향의 운동을 요구하기 시작했다. 그것은 노동자들의 투쟁도 이제는 분산적이고 경제적인 투쟁에 종지부를 찍고 전면적인 정치투쟁으로 전환해야 하며, 나아가서는 통일전선의 확대 및 강화를 목표로 하는 노동운동으로 전환하고 발전시켜 나가야 한다는 목소리였다. 이러한 목소리는 1927년에 들어서 점점 더 거세졌으며 노총 역시 '방향 전환'을 지지했다.

노총은 1927년 4월, 노총 제3차 대회 개최 시에 3만 312명의 조합원을 조직했으며 그중 오사카부에서만 무려 1만 3,408명을 조직했다. 노총은 1927년에 지역별 일반합동노동조합의 재편 강화를 도모하였고 오사카에서는 오사카조선노동조합이 조직되어 9월에 창립대회를 개최했다. 이 오사카조선노동조합은 오사카부 곳곳에 지부를 두었는데 이카이노는 동남지부에 속했으며 쓰루하시에 지부 사무소를 두었다.

이 동남지부에는 김문준 씨의 영향으로 제주도 출신 고무공장 노동자들이 많이 조직되었다. 김문준 씨는 도일 전 제주도에서 학교 교사였기 때문에 이카이노의 제주도 출신들 사이에서 인망이 매우 두터웠다. 이카이노에서 『민중시보』를 보관하고 있던 강원범 씨의 말이다.

"김문준 선생의 지도로 권리투쟁과 노동쟁의를 많이 벌였습니다. 『민중시보』를 발간하고 유지할 수 있었던 것도 김문준 선생의 인망이 있었기 때문이지요."

치안당국의 발표에 따르면, 김문준 씨의 뛰어난 지도 덕분에 오사카조선노동조합은 1929년 가을에는 1만 7,000여 명의 조합원을 거느리게 되었다고 한다. 그리고 그해의 메이데이에는 3,000여 명의 동원 능력을 증명했다.

1928년 3월에 개최된 프로핀테른(적색노동조합인터내셔널) 제4회 대회에서 '외국인 노동자 및 식민지 출신 노동자를 노동조합에 가입시키는 문제'가 제기되었고, 이는 일본에서는 일본노동조합전국협의회(전협)에 노총을 흡수시키는 방침으로 나타났다.

1929년 도쿄조선노동조합의 간부는 전협 중앙의 지도부로부터 '노총의 전협으로의 발전적 흡수의 정당성'을 지시받았다. 그러한 방침과 지시를 받은 노총은 간부들의 기회주의적이고 분파적인 투쟁도 함께 전협으로 흡수되어 갔지만 그 의도 및 필연성이 조선인 노동자들에게 지지받는 상황은 아니었다. 이는 조선노동조합이 전협에 흡수되는 과정에서 많은 조선인 노동자가 탈퇴한 사실에서도 알 수 있다. 1929년 12월 3만 3,000여 명이었던 조합원은 전협에 재조직되었을 때는 2,660명에 불과했다.

이카이노의 조선인 노동자들은 노동조합 간부들의 '방침'이나 '분파투쟁'과는 관계없이 자신들의 생존권을 건 투쟁을 전개해왔다. 투쟁의 주요 내용은 노동자들의 임금 인상과 노동조건 개선이었다. 이와 함께 일반 대중의 요구를 날카롭게 반영한 것이 '셋집쟁의'이다. 이 두 가지 투쟁은 오사카뿐만 아니라 도쿄에서도 볼 수 있는 조선인 노동자 투쟁이었으며, 오사카에서는 격렬하게 전개되었다.

특히 오사카에서 전개된 특이한 주민 투쟁으로는 제주도와의 왕래를 경제적인 면에서 보장하려고 했던 '동아통항조합'의 조직화와 선박회사와의 싸움이 있었다.

노동자의
3가지 요구

"이카이노는 작은 가내공장이 많아서 노동조건이 나쁘고 악독한 공장경영자들도 있었기 때문에 파업이 자주 발생했습니다. 파업에서 이카이노 지구 동포 노동자들이 우선적으로 요구한 것은 '임금을 올리라'였습니다. 그다음으로 '처우 개선', 그리고 마지막이 '감독을 잘라라'였습니다. 대체로 이러한 3대 조건이 요구되었으며, 일부에서는 '야간 잔업 시에는 우동 한 그릇을 제공해라!'와 같은 요구도 있었습니다."

이카이노 지역에서 조선인 노동자의 노동쟁의를 많이 보고 듣고 자신도 쟁의에 참가한 적 있는 강원범 씨가 들려준 초기 노동쟁의 이야기이다. 그런 투쟁은 대부분의 경우 회사 측의 교묘한 회유로 노동자 측의 개선 요구가 끝내 관철되지 못했다고 한다.

"임금 인상은 인정되지 않았어요. 다만 감독이 나빴다고 하면서 감독을 해고해서 노동자를 눈속임했습니다. 해고하고 새로 내세운 감독이 앞의 놈보다도 더 악독한 경우도 있다

보니 많은 노동자들이 분노했습니다."(강원범 씨)

  자연발생적인 노동쟁의를 반복하면서 이카이노의 노동자들도 현명해지고 강해져 갔다. 그리고 오사카조선노동조합이 창립한 후에 그 지도를 받게 되자 서서히 공장주가 노동자 측 요구를 수용하기 시작했다. 그러다가 세계 대공황 시기에는 기업 측의 임금 삭감과 해고의 공격 앞에 쟁의 형태가 급진적으로 변해갔다.

  노총이 전협으로 흡수된 시기는 1929년 이후의 세계 대공황 시기와 일치했다. 이 시기에 일본 국내에서 실업과 임금 삭감의 파고는 먼저 가장 취약한 처지에 있던 조선인 노동자를 덮쳤다. 조선인 노동자들의 상황이 얼마나 가혹했는지는 일본인 노동자 실업률과 조선인 노동자 실업률의 대비 통계인 〈표 18〉을 보면 일목요연하게 나와 있다. 조선인 노동자 실업률은 일본인 노동자의 약 3배를 보인다.

  다음은 당시 언론의 기록에서 확인되는 조선인 노동자의 심각한 상황이다.

  공장주가 야반도주하여 해고수당을 받을 수 없는 자의 70%가 그들이었으며 지난 5일, 미나토구의 인부 강대조가 실업의 고통으로 자살한 것을 시작으로 나카모토, 이마자토, 이치오카 방면의 조선인 집단거주지에서는 매일 실업으로 인한 이런저런 비극이 발생하고 있다. 이러한 힘든 상황에 허덕이다 보니 최근 귀국을 결정하는 자가 급증하여 올해 1월 이래로 특히 4월부터는 오사카항에서 출발하는 배편으로 계속해서 고향으로 돌아가고 있다.(『오사카마이니치신문』 1930년 5월 14일 자)

단위: %

표18. 일본에서의 일본과 조선 노동자 실업률 비교	조선인	일본인
1929년 9월	13.30	4.07
10월	12.21	-
11월	12.87	4.36
12월	-	4.54
1930년 1월	-	-
2월	13.92	4.99
3월	14.40	5.02
4월	-	5.25
5월	14.41	5.33
6월	15.00	5.12
7월	15.00	5.34
8월	-	5.47
9월	13.30	5.59
10월	12.30	5.39
11월	12.87	5.08

* 『산업노동시보』 1931년 5·6월호

그러나 고향에 돌아가도 그곳에 생활 기반이 없는 노동자들은 또다시 오사카로 돌아왔다. 공황 상황의 오사카에서 조선인 수는 비록 증가율은 하락했지만 꾸준히 증가세를 이어갔다. 이카이노 지역의 조선인 노동자 투쟁도 실업이라는 생존권을 위협받는 상황 속에서 더욱 격렬해졌다. 1929년부터 1931년에 걸쳐 오사카의 조선인 투쟁이 증가한 것은 〈표 19〉에서 보더라도 명확하다. 1929년 이카이노 지구의 조선인 고무공장 노동자를 중심으로 김문준 씨의 지도하에 오사카고무조합이 조직되고 고무공장 노동자의 쟁의는 활발해져갔다.

표19. 재일 조선인 노동쟁의(1929년~31년)

요구 내용	1929년 1월 ~1929년 9월		1929년 10월 ~1930년 9월		1930년 1월 ~1931년 10월	
	오사카	전국	오사카	전국	오사카	전국
임금 인상	47 (3)	2564 (37)	180 (6)	2887 (43)	96 (7)	3750 (65)
해고 반대	70 (1)	404 (22)	91 (5)	537 (43)	229 (11)	885 (56)
임금 인하 저지	196 (12)	1039 (26)	60 (12)	1439 (37)	560 (11)	1936 (55)
체불임금 요구	59 (3)	2381 (79)	86 (4)	5728 (153)	342 (7)	3386 (103)
휴업 저지	42 (4)	78 (6)	172 (6)	328 (17)	119 (6)	1640 (23)
해고수당 요구	33 (10)	581 (45)	152 (15)	957 (74)	407 (20)	1510 (62)
기타	140 (13)	614 (41)	113 (8)	1927 (119)	241 (7)	1972 (119)
계	587 (46)	7661 (256)	854 (56)	13803 (486)	1994 (69)	15079 (483)

* 상단은 참가인 수, 하단의 괄호 안은 건수. 내무성 경보국
『사회운동 상황』(1930년, 1931년, 1932년)

고무공장의
여공들

1930년 1월, 이카이노 '이즈미고무'의 조선인 노동자 120명과 '오카베고무'의 노동자 100여 명은 임금 인상과 처우 개선 요구를 내걸고 파업에 돌입했다. 당시 고무공장의 노동쟁의에 대해 강원범 씨는 다음과 같이 말했다.

"고무공장에는 여성 노동자가 많았는데 거의 조선에서 온 소녀들이었습니다. 조선인 남자 감독이 그 아이들을 감독하는데 아주 심각했습니다. 성과가 좋지 않으면 바로 때리는 게 일상다반사였어요. 이 때문에 고무공장에서 쟁의가 일어나면 여성 노동자들의 요구 중에 반드시 '감독 파면' 요구가 있었습니다."

또 당시 파업과 노동조합의 관계에 대해서도 들려주었다.

"이카이노에서 파업을 일으킨 공장이 있으면 오사카조선노동조합으로부터 지원이 있었습니다. 사전에 파업 정보를 알면 미리 준비를 하는데 갑작스럽게 파업이 발생할 때가 많다 보니 소식 듣고 서둘러 지원 나가는 경우가 종종 있었습니다. 그럴 때는 노동조합 활동가나 근처 공장에서 일하고 있는 조선인 직공이 지원하는 경우도 많았습니다.

파업이 발생하면 공장 측은 공장의 감독들을 이용해서 여공들에게 폭행을 가하는 일도 서슴지 않았기 때문에 그런 폭력에 대항할 수 있는 남자 노동자들의 지원이 필요했습니다. 쟁의가 발생하면 분위기가 험악해져서 서로 때리는 경우도 많았어요. 남자 노동자들이 지원 나가면 공장 관계자들이 나와서 너희들은 관계없으니 돌아가라며 호통치거나 때리려고 달려들어요. 지원 나간 노동자들이 화가 나서 함께 감독을 어깨에 들쳐 메고 근처의 히라노강에 가서 던져버린 일도 있었습니다. 여공들만 하는 파업의 경우는 공장 측이 폭력을 써서 쟁의가 억제되는 경우가 많았습니다."

강원범 씨는 이어서 1930년 1월의 오카베고무의 쟁의 당시를 회상했다.

"오카베고무 파업이 발생했을 당시 조선인 노동자 한 사람이 공장 굴뚝에 올라가서 내려오지 않는 사건이 있었습니다. 굴뚝에 올라가면 고무공장은 불을 피울 수 없어 곤란해지니까 경영자가 당황해서 노동자의 요구를 들어줬다고 합니다.

1930년 무렵이었던 것 같은데 당시에 그런 파업이 종종 발생했습니다."

강원범 씨의 기억과 달리 관청의 자료에 의하면 당시의 쟁의는 노동자 측의 패배로 끝났다. 당시 오카베고무의 생의에는 참가하지 않았지만 오카베고무공장에서 여공으로 일하는 친구가 있어서 쟁의를 직접 목격했다는 김군세 할머니는 당시의 쟁의에 대해서 다음과 같이 말했다.

"제가 일하고 있던 고토고무공장은 조선인 여공이 많아서 공장주도 차별임금을 강요할 수는 없었던 거 같아요. 고토고무공장 근처에 오카베고무공장이 있었는데 그곳에서 파업이 일어났습니다. 여공들이 전단을 뿌리는데 공장 측 직공들이 이를 막으려고 하면서 격렬한 난투극이 벌어졌습니다. 여공들을 지원하는 다른 공장의 조선인 노동자들도 여러 명 몰려와서 공장 유리가 깨지고 문이 부서지는 등 아수라장이 되니까 경관대가 출동해서 여공들을 여럿 체포해 갔습니다.

체포된 여공 중에 저와 같은 고향의 사람도 있어서 그 후에 이야기를 들은 적이 있습니다만, 그들은 현명하고 용감했습니다. 경찰에 끌려가서도 경관에게 차별임금의 실상과 혹독한 노동조건 등 공장의 실정에 대해 당당하게 설명하고는 경찰이 조사해서 공장주의 악랄한 처사를 중지시켜줄 것을 호

소한 겁니다. 경관은 그런 여공의 이야기에 다짜고짜 여자가
건방지다며 때리기도 했는데 그런 폭행에도 굴하지 않고 울
면서 호소했다고 합니다.

여공들은 딱히 사상적 배경이 있거나 노동조합운동을 하는
사람들이 아니라 임금 삭감 같은, 공장주의 악독한 방식에
화가 나서 파업에 돌입한 것이기 때문에 이삼 일 감옥에 있
다가 석방되었습니다.”

경찰에 체포된 조선인 여성이 야만적인 고문과 야비한 취조를
받은 일을 무거운 어투로 얘기하는 김군세 할머니는 다시 생각만
해도 그때의 경찰 탄압에 분노가 치미는 듯한 표정이었다. 끝으로
김군세 할머니는 경찰이 탄압했다고 해서 조선인 여성의 투쟁이
끝나지는 않았다면서 조선 여성의 용기와 현명함에 대해 말했다.

“이카이노에서 그런 쟁의가 자주 일어났습니다. 그리고 쟁
의의 중심에는 늘 여공들이 있었습니다. 조선의 여성은 정말
강하고 현명했습니다.”

안정고용을
요구하며

당시에 일본인 노동자와의 연대는 어떠했을까? 강원범 씨의 말이다.

"일본인이 조선인의 임금 인상 요구와 처우 개선 투쟁을 지지하고 쟁의에 참여하는 일은 거의 없었습니다. 이카이노는 조선인 노동자가 많았기 때문에 조선인 조합활동가가 조직에 찾아오는 일은 있어도 일본인 활동가가 조직에 들어온 적은 없습니다."

일본인 노동자들은 조선인 노동자의 쟁의를 지원하지 않았을 뿐만 아니라 파업을 중단시키는 활동을 하는 경우도 적지 않았던 모양이다. 그런 상황을 언론은 다음과 같이 보도했다.

조선인만 쟁의를 일으키고 일본인 노동자가 회사 측의 민족차별의식 선동에 편승하여 배신하는 사례가 매우 많다. 오사카 지방의 가시마다비, 이와모토금속, 그 외 고무공장의 쟁의는 전부 그렇다. 이 결함은 재일본조선노동총동맹이 지금까지 민족적 조직이어서 일본인의 조합 조직책과의 연락이 결여되어 있었기 때문이다. 일본인 노동자는 대부분의 경우 미조직인 채로 방임되어 있었다.(『산업노동시보』 1930년 1,2월 합병호)

일본 측의 노동자 지원도 없이 조선인 노동자들은 투쟁을 전개해 갔다.

"1930년경의 대공황 시에는 노동자들이 파업을 결정할 때 대체로 '처우 개선' '임금 삭감 반대' '해고 중단' 이렇게 세 가지를 요구했습니다. 이때는 쟁의가 격렬했기 때문에 '굴뚝 남자' 같은 사람도 여기저기 출현했고 때로는 떨어져서 죽는 일도 있었습니다. 게다가 쟁의는 조폭이 습격하거나 경찰이 탄압했기 때문에 그야말로 목숨을 건 일이었지요. 하지만 그 후에 경기가 좋아지면서 처우 개선, 특히 안정고용 같은 요구가 강해진 것 같습니다."(강원범 씨)

1930년대 전반, 쟁의는 급진화했고 그 반동으로 혹독한 탄압을 받았다. 그리고 그 후 전시경제체제하에서 노동운동은 쇠락해 갔는데 경기의 상승과 함께 조선인 노동자의 요구도 그전과 다른 내용이 많아졌다. 대표적인 것이 안정고용 요구였는데, 『민중시보』

는 다음과 같이 보도하였다.

⟨주목받는 가도이치 고무공장⟩
- 임시공을 본공으로 전환 요구, 오사카 지방에서는 처음 있는 일

오사카시 니시요도가와구 우라에정 2정목에 있는 아베 긴지로가 경영하는 가도이치 고무공장의 종업원 450명은 8일 오전 7시, 공장에 출근 도중 고노하나구 요시노정의 오사카노동학교에 모여 다음의 요구를 내걸고 파업을 선언했다.

1. 임시공을 정식 채용할 것
1. 향후 입사하는 자는 견습 기간 1주간을 경과하면 정식 채용할 것
1. 장려금은 6월 11일 전과 같은 수준으로 할 것

쟁의단 측의 주장에 따르면 고용 후 2, 3년이 경과해도 임시공 상태이며 6월 11일부터는 월급의 약 45%나 되는 장려금이 5~6%로 삭감되었다. 또한 전 종업원 중 약 100명이 언제 해고될지 알 수 없는 임시공이라는 점 때문에 노동자들의 불만이 높았다고 한다. 이날 오후 3시 쟁의단 대표는 전노(전국노동조합동맹) 간부와 함께 회사를 방문하여 이상의 세 가지 항목 이전에 16개조의 탄원서를 제출했다.
이 쟁의는 임시공 문제를 중요한 쟁점으로 한 첫 쟁의이며

특히 임시공 문제가 일대 사회문제화하고 있는 시기인 만큼 그 결과가 주목된다.(『민중시보』 1935년 9월 1일자)

  임시공에서 본공으로의 고용 요구는 조선인 노동자가 출가노동자에서 완전히 정착노동자로 그 성격이 전환되었음을 보여주고 있다. 이카이노는 이 시기부터 완전히 조선인의 정주지로서 흔들림 없는 마을이 되어갔다.

셋집 쟁의

정만정 씨, 강원범 씨, 김희조 씨 등 이카이노에서 만난 사람들은 모두 이구동성으로 '조선인에게 집을 빌려주는 사람이 없어서 아주 힘들었다.'고 말했다.

조선인 이주자는 악조건의 셋집을 빌리는 등 다양한 방법을 통해 집을 빌리게 되는데 대부분 일본인 명의로 집을 빌릴 수밖에 없었다. 그러나 집주인 대부분은 명의를 빌렸다는 이유로 퇴거를 요구했고, 그 과정에서 보증금을 둘러싼 문제가 종종 발생했다.

조선인 임차인과 집주인의 분쟁이 증가하자 1929년 6월, 분쟁을 조직적으로 해결하기 위한 조합인 '히가시오사카 임차인 조합'이 오사카시 히가시나리구 시기노정에 설립되었다. 이 임차인 조합은 당시 첨예하게 대립하던 임차인과 집주인의 상황을 반영하여 강령에 '일본 거주 조선인에 대한 거주권리 박탈 행위에 대해 철저한 투쟁'을 전개할 것을 명시하였다.

당시 임대차 '분쟁'이 매우 많이 발생하고 있었다는 사실은 〈표 20〉의 통계표를 보면 알 수 있다. 1929년 1월부터 9월까지 1,623건의 분쟁이 발생했으며 그 분쟁에서는 집세 인상을 인정하는 등의 조선인 임차인의 '타협'이 742건에 달했다.

표20. 오사카부의 재일 조선인 임대차 분쟁·쟁의 통계 (1929년 1월~9월)

		분쟁·쟁의 종류			
		토지	주택	전등, 가스, 수도	기타
발생 건수	건수	48	1,623	1	1
	참가 인원	1,613	2,348	6	2
분쟁·쟁의 원인	토지 퇴거 반대	18			
	가옥 퇴거 반대	27	918		
	요금 인상 반대		11		
	요금 인하 반대		252		
	기타	3	442	1	1
	계	48	1,623	1	1
분쟁·쟁의 형태	요금 미납	2	547	1	1
	진정탄원	17	184		
	강제집행 방해		13		
	기타	29	879		
	계	48	1,623	1	1
분쟁·쟁의 결과	요구 관철		132		1
	요구 거절	4	50		
	타협	24	742	1	
	자연 소멸	1	3		
	기타	19	696		
	계	48	1,623	1	1

* 내무성 경보국 『1929년 사회운동 상황』

어째서 이 시기에 이렇게 많은 임대차 분쟁이 발생한 것일까. 이카이노 정주 초기에는 조선인이 일본인 명의로 집을 빌려 살다가 그 일로 인해 쫓겨날 경우, 힘의 논리상 그저 쫓겨났을 뿐 '분쟁'으로 이어지는 일은 적었다. 앞서 언급한 '사기꾼'들이 '퇴거 비용'을 착복하기 위해 일으키는 '분쟁'은 있어도 성착해서 그곳을 생활의 장으로 삼는 거주권 확보를 위한 '분쟁'은 적었다. 그러나 조선인 노동자의 정주화가 진행되면서 거주권 문제가 심각해진 것은 분명하다.

임대차 분쟁은 실로 조선인 이주자들이 정착하게 되면서 필연적으로 발생한 것이라고 할 수 있다. 임대차 분쟁으로 일본인 집주인이 조선인 임차인에게 퇴거를 요구하면서 '구실'로 삼은 것은 크게 3가지, 즉 '집세 미지불', '보증금 미납', '일본인 명의'였다. 일본인 측이 기술한 임대차 분쟁을 보면 조선인 임차인이 집세를 내지 않는다, 보증금도 지불하지 않는다, 집을 더럽게 쓴다는 등의 이유를 들며 조선인 임차인이 악질이라는 내용이 많다. 예를 들어 오사카시의 〈보고〉를 보아도 조선인 측의 죄를 주장하고 있다.

> (셋집 쟁의의) 원인은 집세와 임차인의 부정행위, 바꿔 말하면 집세 미지불, 보증금 미납, 무단전대 및 계약 위반의 4종류로 분류할 수 있다. (『본 시의 조선인 주택문제』 1930년 7월)

과연 조선인 임차인이 정말로 그랬으며, 그들이 일본인에 비해 특별히 악질이었을까? 이카이노를 돌아다닐 때 주택문제로 힘들었다는 어르신들에게 이러한 행정의 주장을 물어본 적이 있다. 강원범 씨는 차별적인 증액 보증금을 강요했기 때문에 미지불 쟁의가 발생한 것이라고 답했다.

　　"보증금 미납이라고 하지만 그건 집주인이 조선인에게 터무
　　니없이 비싼 보증금을 요구해서 전부 지불할 수 없었던 겁니
　　다. 일본인과 같은 금액이었다면 지불하지 않는 일은 없었겠
　　지요."

　이를 좀 더 확인하기 위해 여러 가지 자료를 찾는 과정에서 보
증금 문제 등의 통계를 다룬 자료를 발견했다. 보고서는 『본 시의
불량주택 조사』이며 조사 기일은 1930년 8월부터 10월까지이다.
　이 조사에서는 오사카 시내의 '불량주택'을 조사하여 그 주민들
에 대한 여러 가지 조사를 실시했는데 주민들 중에 다수의 조선
인들이 포함되어 있다. 조사대상은 1만 7,896호이며 그중 조선인
은 3,823호에 달하고 이 중 이카이노 지역의 많은 주택이 포함되
어 있다. 이 '불량주택'에 거주하는 주민들의 보증금, 권리금, 집
세, 체납금 등 다양한 통계 수치가 게재되었는데, 먼저 강원범 씨
가 부당성을 지적한 보증금 차이에 대해서는 조선인 임차인이 일
본인에 비해 3개월분 이상의 높은 보증금과 약 2배 높은 평균 보
증금을 요구받았음을 알 수 있었다.

　　일본인과 조선인별로 보더라도 가장 많은 경우 집세 3개월
　　분을 초과했는데, 일본인 사용 주택에서는 2,217호로 총호

수의 42.1%를 점하고, 조선인 사용 주택에서는 640호로 총 호수의 50.39%, 즉 과반수를 차지하며 일본인 사용 수택에 비해 8.35% 높은 비율을 보이고 있다.

1호당 평균 보증금도 일본인 사용 주택에서는 1.8개월분인 데, 조선인 사용 주택에서는 3.4개월분이고 일본인 사용 주택에 비해 1.57개월분 많다.

조선인에게 이러한 고액의 보증금을 강요해놓고 이를 지불하지 않는다고 조선인 임차인을 일방적으로 비난해도 되는 것일까. 한편 집세 미지불은 어떻게 된 것일까.

일본인과 조선인이 각각 체납이 있는 일본인은 6,204명이고 전체의 54.08%에 해당하며, 조선인은 1,230명으로 전체에 대한 비율은 일본인에 비해 6.36% 낮은 비율인 47.72%라고 되어 있다.(『본 시의 불량주택조사』)

앞서 집세 미지불에도 언급한 바 있는데, 〈보고〉에는 오히려 일본인 쪽 체납이 높으며 악질적인 장기체납자도 일본인에게 많다고 나와 있다.

체납 월수 1년이 넘는 비교적 장기체납자는 일본인은 1,440

명을 헤아리며 일본인 체납 전체의 23.21%를 점하고 있는
데, 조선인은 157명으로 조선인 체납 전체의 12.76%를 차
지하는 데 불과하여 일본인의 경우에 비해 10.45%의 낮은
비율을 보여주고 있다.

표21. 불량주택의 집세 체납기간 통계

	일본인	조선인	합계
1개월분 이하	670 (10.80)	185 (15.04)	855 (11.50)
3개월분 이하	1,449 (23.36)	381 (30.98)	1,830 (24.62)
6개월분 이하	1,393 (22.45)	254 (20.65)	1,647 (22.16)
1년분 이하	1,252 (20.18)	253 (20.57)	1,505 (20.24)
1년반분 이하	440 (7.09)	46 (3.74)	486 (6.54)
3년분 이하	686 (11.06)	87 (7.07)	773 (10.40)
5년분 이하	215 (3.47)	21 (1.71)	236 (3.17)
10년분 이하	63 (1.01)	3 (0.24)	66 (0.89)
10년분 이상	36 (0.58)	– –	36 (0.48)
합계	6,204 (100)	1,230 (100)	7,434 (100)
평균 월수	5.43	3.37	5.05

* 상단은 호수, 하단의 괄호는 퍼센트(%).
오사카시 사회부 『본 시의 불량주택 조사』(1939년)
조사기간은 1937년 8월~10월.

이는 〈표 21〉에서 보더라도 명확하다. 그럼에도 일본인 임차인에 대한 퇴거 요구는 적고 조선인 임차인에게만 퇴거를 강경하게 요구한 것은 가난한 이방인에 대한 편견과 차별 감정에서 비롯되었다고 할 것이다.

퇴거 요구 이유의 하나로 집주인은 계약 위반이 많다고 주장했다. 그런 계약 위반 중 하나가 동거인을 두지 않는다는 조건을 위반한다는 것이다. 앞의 〈보고〉에서는 일본인 임차인 조사세대의 47.0%가 동거인을 두고 있으며 조선인의 경우에는 41.58%이다. 동거인 비율만 보면 반드시 조선인 세대가 높은 것은 아니며 오히려 일본인 임차인 쪽의 비율이 높다. 이러한 상황에 대해 강원범 씨는 다음과 같이 말했다.

"집주인은 조선인은 동거인이 많아 집이 더러워진다면서 동거인을 두는 것은 계약 위반이므로 집을 비우라고 요구합니다. 하지만 애초에 이카이노에서 조선인이 빌린 집은 이미 낡고 부실한 주택들이었어요. 그리고 동거인을 두었다고 해도 고향에서 지인, 친척들이 와서 살 곳이 없다고 하면 임시로 동거해야만 하는 상황이었기 때문에 일방적으로 조선인이 나쁘다는 일본인 집주인의 주장은 받아들이기 힘들었습니다."

그럼에도 집주인들의 퇴거 요구는 거셌고, 이에 셋집 쟁의도 격렬해져 갔다. 특히 오사카조선노동조합이 창립된 후에는 생존권 투쟁으로 임하고 있었다. 당시의 셋집 쟁의에 대한 신문 기사이다.

조선인의 셋집 쟁의가 최근 눈에 띄게 증가했다. 작년(1929년)에 오사카부 경찰부에서 취급한 건수는 352건, 게다가 이 사건들은 직접 경찰이 나서야만 할 정도의 까다로운 사건들인데, 단순히 집주인 측과 세입자 측이 경찰에 신고한 정도의 것은 쓰루하시서부만도 월 100건, 1년에 1,000건 이상에 달한다. 나카모토서의 경우 최근 단 하루 동안에 10건 가까운 쟁의를 해결했는데, 무조건 해결은 10% 되나 마나이며 대부분은 퇴거 비용을 취하는 식으로 조선인에게 유리하게 해결하고 있다.(『오사카마이니치신문』1928년 6월 22일자)

기사에는 "조선인에게 유리하게 해결하고 있다."라고 나와 있지만, 1929년의 내무성 경보국의 통계에 의하면 쟁의의 대부분은 집세 인상 등을 통한 해결이며, 조선인 쪽이 일방적으로 퇴거당하는 경우도 매우 많았다. 예를 들어 퇴거 분쟁이 발생했을 때, 퇴거당하는 자가 131건에 달하는데 계속 거주한 자는 불과 50건이었으며, 대부분이 집주인의 집세 인상 등을 인정하고 그대로 계속해서 집을 빌렸다. 결코 조선인에게 유리하게 해결된 것이 아니다. 이는 〈표 20〉을 참조하더라도 분명하다.

주로 민족차별에 근거한 셋집 쟁의는 그 후에도 격렬하게 전개되었고, 이카이노 지역에서는 바로 최근까지도 이어졌다. 이카이노 지역에서 '조선인 불가' '외국인 사절'이라는 단서조항이 있는 임대 광고는 어느 부동산에서든 볼 수 있었다. 1970년 말에 이카이노 거주 조선인 단체의 거센 항의로 부동산에서 이런 종류의 광고지는 사라졌는데, 이는 단지 광고지가 사라진 것일 뿐이며 현재도 차별 의식으로 인한 임대 거부 태도는 거의 바뀌지 않았다.

오사카의 제주인마을, 이카이노 이야기

노동 쟁의나 셋집 쟁의와 같은 투쟁과 함께 오사카, 아니 이카이노 지역의 주민들이 광범위하게 싸운 투쟁으로 '동아통항조합' 투쟁이 있다. 당시 오사카의 조선인 집단거주 지역에서 소비조합운동이 활발해지고 있었는데, '동아통항조합'은 조선인의 소비조합운동의 하나로 노동자들의 고향인 제주도와의 왕래를 확보하기 위한 자주운항운동이었다.

1922년에 '아마가사키 기선'이 취항하면서 오사카와 제주도 간 직통항로가 개설되고, 이어서 1924년에는 '조선 우선郵船'이 취항하면서 1927년에는 한 해 승선자 수가 3만 6,000여 명에 달했다.

아마가사키 기선과 조선 우선은 1930년에 뱃삯 인상을 단행했다. 뱃삯 인상은 제주도 출신이 많은 재오사카 조선인, 특히 이카이노 지역에 사는 조선인의 고향 왕래에 심각한 문제를 초래하는 일이므로 뱃삯 인상을 반대하는 목소리가 제주도 출신들로부터 터져 나왔다.

1930년 4월, 덴노지 공회당에서 제주도민 대회가 열리고 제주도 항로를 운항하는 두 기선회사에 운임 인하 요청이 이뤄졌다.

도민 대회의 대표가 대회에서 나온 요청안을 갖고 두 기선회사를 방문하여 뱃삯을 원래 운임으로 인하할 것을 요구했지만, 회사는 이 요청을 거부했다. 이에 조선인들은 제주도 항로의 자주 운항을 목표로 4월 21일, 협동조합인 '동아통항조합'을 결성했다. 6월 6일에는 항로의 독점가격을 타파하기 위한 선전 활동과 협동조합원 모집을 위한 '동아통항조합뉴스'가 조선어로 발행되었으며 조합원으로 재오사카 조선인 4,500세대를 조직하는 것에 성공했다. 당시 동아통항조합에 가입했다는 김한봉 씨의 설명이다.

"아마가사키 기선이 기존 운임인 8엔을 12엔 50전으로 인상했기 때문에 이렇게 되면 고향에 돌아갈 수 없다며 모두 화가 났습니다. 12엔 50전은 직공의 반달 치 월급입니다. 왕복에 한 달 치 운임이 들어가기 때문에 모두가 반대했지만, 선박회사는 인상을 철회하지 않았어요. 그래서 직접 선박회사를 만들어서 저렴하게 운항하려고 한 겁니다."

이는 이카이노 지역 거주자인 제주도 출신 모두의 생각이기도 했을 것이다. 동아통항조합은 전협(일본노동조합전국협의회) 간부인 오타 히로시太田博의 알선으로 홋카이도의 나리타 상회로부터 교룡환蛟龍丸을 임대하여 11월부터 취항했다. 운임은 6엔 50전이었다. 이 자주 운항선의 출현에 놀란 아마가사키 기선과 조선 우선은 도내 11곳의 기항지에서 오사카항까지를 균일요금으로 하고 식사

포함 3엔이라는, 손실이 명백한 덤핑 운임을 제시하며 대항했다.

교룡환은 선체에 '부르조아선에 타지 마라' '일시적인 저렴한 운임에 속지 마라'는 조선어로 된 슬로건을 내걸고 제주도민의 반일 및 반기선회사 감정에 호소하는 방침을 강하게 표방하였고 공감을 얻어내며 운항을 이어갔다.

동 조합은 1931년 11월부터 교룡환을 복목환伏木丸으로 대체했다. 하지만 전협 지도부의 미숙한 극좌적 방침에 영향을 받았기 때문에 '동아통항조합은 전동아全東亞를 망라한 전 도항노동자 농민의 조합이며, 복목환은 전 무산계급의 선박이어야만 한다'고 선언하며, 취항한 복목환에 적색 깃발 10개와 '우리는 우리의 배로' '복목환의 도항 저지 반대' 등의 조선어 슬로건을 적은 흰색 천을 두르고 운항했다.

붉은 깃발에 놀란 일본의 치안 당국은 동 조합을 공산주의단체라고 판단하고 복목환에 승선한 귀국자의 재입국을 금지하는 조치를 단행했다. 그러나 치안 당국의 이러한 조치를 탄압이라고 본 재오사카 조선인들의 위기의식은 단결심으로 이어졌고, 선박회사의 덤핑 운임에도 불구하고 복목환은 늘 정원을 초과한 승객으로 넘쳐났다.

그 후 동아통항조합은 조합을 조직한 노동운동가들의 영향으로 점점 정치적 색채가 짙어졌고, 제주도의 청년들과 손을 잡고 제주도농민요구투쟁동맹 결성을 도모하려는 방침을 취했다. 또한 지원 관계에 있던 전협이 이러한 성공에 주목하여 이를 전협의 재원으로 삼으려는 움직임을 보였고, 그런 움직임에 경계를 강화한 치안 당국의 탄압이 거세지면서 운영이 힘들어졌다. 결국 제주도 출신 재오사카 조선인의 전 세대주 수에 상당하는 1만 50여 명을 조합원으로 조직하는 데 성공한 동아통항조합이 1932년에 복목환의 운항을 중단할 수밖에 없는 상황에 놓였다.

복목환의 운항이 중단되자 아마가사키 기선 등은 이를 기다렸다는 듯이 운임을 다시 6엔으로 인상했다. 그리고 2년간 6엔으로 고정하고 그 후에 동아통항과 같은 자주 운항선이 나타나지 않을 것으로 판단하자 추가로 2엔의 인상을 단행했다.

운임 인상은 재오사카 제주도 출신들에게는 고향과의 왕래를 단절당할 우려가 있는 매우 중요한 문제였다. 1934년의 운임 인상 시에도 운임 반대의 목소리가 제주도 출신자들에게서 터져 나왔다. 당시 상황에 대해 『특고월보』는 다음과 같이 적었다.

최근 직항선 경영자인 조선 우선과 아마가사키 기선 두 회사에서 종래의 뱃삯인 6엔을 일약 8엔으로 인상한 결과, 일반 도민은 물론 재오사카 도민에게 심각한 영향을 미치고……
(1934년 9월분)

그 후 자주 운항은 불가능해졌고 오사카·제주도 간 8엔의 균일 요금이 강요된 채로 이어졌다. 이카이노 지역에 거주하는 조선인 주민은 이 지역에 정착한 1920년 이후 자신들의 생존을 걸고 부당한 차별과 억압을 타파하기 위해 격렬한 투쟁을 전개하였고 그 결과 꾸준히 그 지역에 정착하여 주민으로서의 생활 기반을 다져 나갔다. 그러한 투쟁은 단절되는 일 없이 현재까지 이어지고 있다.

맺음말

　서두에서 언급했듯이 1962년 여름 대학교 4학년 때 처음 이카이노를 방문하고 강렬한 인상을 받았다. 조선인이면서 조선인의 사회, 특히 집단생활 지역의 실상에 대해 거의 알지 못했던 나에게 일종의 문화충격을 안겨주었다.

　그곳 사람들의 삶을 이루는 모든 것이 새로운 사건들이었다. 그때의 강렬한 인상을 계기로 일본 속의 최대 이방인 마을이라 할 수 있는 이곳의 성립 과정이 알고 싶어졌다. 그 후에 도서관 등의 자료를 조사해 보았지만, 형성사와 같은 것은 존재하지 않았으며 대학의 교사들에게 물어보아도 그런 자료는 없다는 대답만 돌아왔다. '어째서 이곳에 이렇게 많은 조선인들이 거주하게 되었을까?'라는 물음은 결국 의문 부호인 채로 남겨 두어야 했다.

　학교를 졸업한 후 재일조선인 문제를 주로 다루는 잡지사에 취직하여 재일조선인사회의 기사를 계속 써왔다. 1963년부터 1979년까지 일본 전역의 조선인 사회, 혹은 종전 이전에 조선에서 강제 연행되어 와서 노동했던 댐 현장, 광산, 탄광, 비행장 등 여러 곳을 방문하여 이야기를 듣고 르포를 썼다. 이는 단순히 잡지의 르포 기사를 쓰는 것뿐만 아니라 공백 상태인 재일조선인 생활사를 채워가는 의미 있는 작업이었다.

재일조선인이라는 존재가 일본 사회에 생겨난 지 약 80년이 흘렀다. 최근에 와서 재일조선인 역사도 점차 조명받게 되었지만 내가 르포 기사를 쓰기 시작한 시기에 그러한 역사는 거의 공백 상태에 가까웠다. 일본에 정착하고 생활해 온 재일조선인의 역사, 그들의 정체성이 살아 있고 조선인의 의식과 사고를 기반으로 한 역사가 필요한 것은 말할 필요도 없다. 하지만 '사실' 관계가 공백 상태라면 '재일조선인사'는 제대로 완성될 수 없다는 생각을 하면서 그들의 생활사를 계속 써왔다. 이는 과거에 조선인이 일본에 건너온 후 이방에서 얼마나 고생하며 생존하고 생활했는지를 기록하는 작업이기도 했다.

식민지 지배하에 조선인은 일본에서 최하층의 저임금 노동자로서 일본의 자본주의 사회의 구조 속에 자리 잡았다. 이는 재일조선인의 직업을 보면 일목요연하게 드러난다. 남성은 토목 노동자, 탄광부, 자갈 채굴인부가 직업의 80%를 점했다. 도시 노동자도 대부분 영세공장, 중소기업의 노동자, 그것도 노동환경이 극히 열악한 유리공장, 고무공장, 철공장 등의 저임금 노동자로서 일본의 노동시장 속에 자리했다. 여성들도 마찬가지여서, '애사哀史'로 불리는 방적공장, 제사공장, 방직공장 등의 여공으로 힘든 생활을 감내해야만 했다.

이러한 재일조선인들의 생활사를 직종별로 정리하는 작업에 착수한 것은 1970년대에 들어서이다. 먼저 방적 여공들을 중심으로 한 여공 '이미니'들의 인터뷰인 『바람의 통곡』을 썼고, 토공 노동자들을 중심으로 『비의 통곡』을 썼으며, 탄광부들에 대해서는 『불의 통곡』을 썼다. 친구와 지인들은 이러한 책들을 나의 '통곡 3부작'이라고 한다.

처음부터 3부작이라는 형식으로 쓸 생각을 하고 시작한 게 아니라 결과적으로 그렇게 된 것이지만, '3부작'을 완성한 후에 가슴 한편에 아쉬움으로 남은 것이 있었다. 그것은 도시의 영세공장 노동자의 생활사를 쓰지 못했다는 것이다. '통곡' 시리즈를 쓸 때부터 도시 영세공장 노동자의 생활사는 늘 시야에 두고 있었지만 탄광부나 토공, 방적 여공처럼 하나의 직종에서 그들의 생활상이 매우 유사한 것과 달리 도시 노동자의 경우에는 영세기업의 직종이 다양해서 그 직종에 따라 노동자의 생활이 복잡하게 달랐으며, 문제점을 정리해서 초점을 좁히는 것도, 통일된 주제로 쓰는 것도 매우 힘들다는 것을 취재 도중에 느끼게 되었다. 그래서 '여공' '토공' '광부'는 썼지만 '영세공장 노동자'는 정리하지 못한 채로 있었다.

그러나 도시 노동자의 생활사가 빠진 채로는 재일조선인 생활사의 중요한 부분을 놓치는 것이어서 어떻게든 정리해야겠다는 생각을 하고 있었다. 그리고 이카이노의 형성사를 조사하는 동안에 영세공장 노동자의 생활사를 직종이 아니라 거주 지역과 연관 지어서 쓰면 어느 정도 도시 노동자의 생활사가 정리되지 않을까

하는 아이디어가 떠올랐다.

이카이노는 재일조선인의, 전형적인 영세공장 노동자의 거주 지역이었다. 이카이노 마을의 성립과 이곳에 정착한 조선인에 대한 글을 써서 '통곡' 시리즈를 어떻게든 완성해야겠다는 생각에 작업을 시작했다.

본문에서도 언급했듯이 잡지사의 편집기자 당시, 르포 기사를 쓸 목적으로 여러 차례 이카이노를 찾았고 때로는 이카이노 중심 지역에 열흘 넘게 묵으면서 마을 사정에 밝은 주민의 안내로 몇몇 어르신들을 만나서 이야기를 들었다. 그러나 그분들을 통해 채록한 '인터뷰'는 좀처럼 마을의 형성사나 그 마을 사람들의 생활사와 연결되지 않았다. 어르신들의 개인적인 생활사가 복잡해서 개인 체험이 질서정연하게 정리되지 못하고 중구난방으로 이야기가 전개되다 보니 쉽지 않았다. 그리고 결정적으로 어르신들의 이야기를 조합해서 통일되게 정리하는 기본적인 토대가 되는 통계 수치나 행정의 기록, 공장과 기업, 노동조합 등의 기록물 같은 원자료가 부족했다.

이런 이유로 원고를 완성하는 데 시간이 걸렸고, 1984년 여름, 마지막 취재 차 이카이노를 찾아서 겨우 완성할 수 있었다. 십 년이 흐르는 동안 일본의 모든 도시가 그러하듯이 이카이노에도 낡은 가옥들 대신 새로운 건축물들이 들어서면서 빠르게 변모해 갔다. 그러나 이 마을에 사는 이방인이 처한 입장은 예전과 그다지 달라진 게 없어 보였다. 본문에도 언급한 『민중시보』에서 다뤄지고 문제가 되었던 '저임금 노동', '노동조건', '열악한 노동환경', '열익한 가옥환경', '자녀들의 교육문제', '취식문제' 등은 50년 전과 같은 문제를 지금도 거의 그대로 안고 있었다.

'군대환'을 타고 이 땅에 찾아온 이방인의 생활은 현재도 기본적으로는 중요한 문제들이 대부분 미해결인 채로 남아 있나. 이 책을 완성하는 과정에서 바로 이 점을 뼈저리게 느꼈다. 재일조선인이 처한 상황에 대한 재인식은 우리 재일조선인의 문제임과 동시에 일본인의 문제이기도 한데, 일본인 중에 이를 자신들의 문제라고 생각하는 사람이 과연 얼마나 될까. 본서가 독자들에게 재일조선인 문제는 또한 일본인의 문제이기도 하다는 것을 인식하는 계기가 된다면 더할 나위 없는 기쁨일 것이다.

마지막으로 본서 집필을 위해 지금은 고인이 되신 강원범 씨를 비롯하여 많은 이카이노 주민들의 협력을 받았기에 깊이 감사드린다. 또한 이와나미쇼텐 편집부의 하야시 다쓰로^{林建朗} 씨에게 출판에 이르기까지 수많은 도움을 받았다. 아울러 감사의 뜻을 전하고 싶다.

1985년 6월 18일
김찬정

오사카의 제주인마을, 이카이노 이야기

옮긴이의 글

　일제강점기 제주와 오사카 직항로가 개설되어 1923년 군대환이 취항한 지도 100여 년이 지나고 있다. 군대환은 제주 사람들에게 어떤 의미였을까. 1930년대 제주도 인구의 25%인 약 5만 명 정도가 일본에 이주하여 살았다는 기록을 보면 얼마나 많은 제주 사람들이 일본에 거주했는지 추찰할 수 있다. 고향 제주도로 돌아오고 싶었지만 일본에서 살아갈 수밖에 없었던 당시 제주 사람들에게 군대환은 희망과 동시에 한 많은 연락선이었을 것이다.

　이 책은 지금은 고인이 되신 김찬정 선생이 저술한 『이방인은 군대환을 타고─조선인 마을 이카이노의 형성사異邦人は君ヶ代丸に乗って─朝鮮人街猪飼野の形成史』를 번역한 것이다. 재일한국인(재일조선인)의 역사가 100여 년이 지나고 있는 시점에서 재일한국인 혹은 재일제주인에 관한 논문과 책들이 많이 소개되었기 때문에 당연히 이 책도 번역되었을 것으로 생각했으나 놀랍게도 이 책은 번역이 되지 않은 채 묻혀 있었다. 우리는 지금껏 오사카 이쿠노구 재일제주인의 이주 역사와 생활을 흔히 잘 알고 있는 듯이 말해 왔다.

하지만 이 책에는 우리가 미처 몰랐던 그분들의 삶의 실상이 매우 구체적으로 밝혀져 있어 새삼스레 놀라울 따름이있다.

저자는 장시간에 걸쳐 이쿠노구에 사는 재일한국인(재일조선인) 1세인 어르신들을 만나 이야기를 나누고, 그 이야기를 뒷받침해 주는 근거 자료들을 바탕으로 시실적인 상황과 의문점을 동시에 제시하고 있다. 책의 한편에서는 '일반적으로 잘 알려진 오사카 이쿠노구의 히라노 운하 개수공사에 제주 사람들이 동원되었다는 것은 사실일까?'라는 물음을 던진다. 이러한 의문점은 앞으로 연구자들이 밝혀내야 할 과제이지만, 당연하게 여기던 사실에 물음표를 남길 수 있음은 그만큼 김찬정 선생이 현지 조사를 충실히 했다는 것을 입증해 준다.

일제강점기에 일본으로 건너간 1세대 제일한국인을 만나서 당시의 이야기를 생생하게 들을 수 없게 된 지금, 이 책은 재일제주인의 이주 역사와 삶을 재조명하고 재인식하는 데 귀중한 의미를 남긴다. 저자인 김찬정 선생은 재일조선인 관련 책들을 많이 집필하였다. 2024년에 상영된 〈조선인 여공의 노래〉라는 다큐멘터리 역시 김찬정 선생의 책을 바탕으로 만든 작품이다. 저자는 일본 교토시 출생으로 재일조선인으로서의 정체성을 늘 간직하며 살아왔기에 재일조선인 관련 저서들을 많이 남기지 않았을까 생각해 본다.

이 번역서는 일반 대중서로서 누구나 쉽게 읽을 수 있는 책이다. 1990년대까지만 해도 오사카 이쿠노구 조선시장에 가면 제주도 사투리를 제주도에서보다 더 뚜렷이 들을 수 있었다. '작은 제주도'라고 불릴 만큼 많은 제주도 사람들이 가게를 운영하였고 이쿠노구에 정착하여 살았다. 지금도 대를 이어 운영되는 몇몇 상점이 있긴 하지만, 세대교체와 한류 문화의 영향으로 제주도 사람들의 모습은 점점 자취를 감추고 있다고 해도 과언이 아니다. 그러나 제주 사람이면 누구나 이쿠노구에 제주 마을이 어떻게 해서 형성되었는지 제대로 이해할 필요가 있다. 더 나아가 한국의 근현대사에서 재일한국인의 역사를 이해하는 데 재일제주인의 삶을 간과해서는 안 될 것이다.

김찬정 선생이 이 책을 처음 출간한 지도 어느덧 40년이 흘렀다. 안타깝게도 몇 년 전에 타계하셔서 한국어로 출판된다는 사실을 알려드릴 수 없게 되었지만 살아계셨다면 책의 출판을 무척이나 반기시지 않았을까 싶다.

이 책을 출간하기까지 많은 도움을 받았다. 한국어판 출판 의뢰부터 중간중간 메일을 보낼 때마다 성실하게 대응해준 이와나미 쇼텐에 고마움을 표한다. 특히 이 책을 꼭 번역하여 소개하고 싶은 바람으로 재정적 지원이 절실했던 차에 흔쾌히 지원해 주신 제주대학교 재일제주인센터의 손영석 센터장께 깊은 감사의 인사를 드린다. 아울러 번거로운 행정 업무를 맡아 준 재일제주인센터의 송화정 선생께도 고마운 마음을 전한다. 바쁜 와중에도 끝까지

이 책의 편집과 디자인에 정성을 다해 주신 이마고출판사 김채수 대표께도 감시 말씀을 드린다. 끝으로 번역에 틀린 부분이 있다면 전적으로 옮긴이의 책임임을 밝혀 둔다.

2025년 1월

옮긴이 김순임·강경희

오사카의 제주인마을, 이카이노 이야기

이카이노,
2024

과거의 히라노 운하

현재(2024)의 히라노 운하

미유키모리 신사, 2024

코리아타운(조선시장), 2024

1958년부터
이어져 온
코리아타운의
김치가게,
2024

사진 제공 / 김순임